MÉTAPHYSIQUE DES MŒURS

DEUXIÈME PARTIE

DOCTRINE DE LA VERTU

DU MÊME TRADUCTEUR

À LA MÊME LIBRAIRIE

KANT (E.) *Qu'est-ce que s'orienter dans la pensée ?* Traduction, commentaire et notes. Préface de F. Alquié. 1959, 6e éd. 1993.

KANT (E.) *Critique de la faculté de juger.* Traduction. 1965, 9e éd. revue et augmentée de notes nouvelles 1993.

KANT (E.) *Réflexions sur l'éducation.* Traduction, commentaire et notes. 1966, 7e éd. 1992.

KANT (E.) *Lettre à Marcus Herz du 21 février 1772*, in *La Dissertation de 1770*. 1967, 5e éd. 1987. Traduction, introduction et notes.

KANT (E.) *Fondements de la Métaphysique des mœurs.* Traduction de Victor Delbos, revue par A. P., introduction et notes par A.P. 1980, 3e éd. 1992.

KANT (E.) *Métaphysique des mœurs.* Première partie : *Doctrine du droit.* Introduction et traduction. Préface de M. Villey. 1971, 4e éd. 1993.

FICHTE (J.G.) *Œuvres choisies de philosophie première : Doctrine de la Science, 1794-1797.* Traduction. 1964, 4e éd. augmentée 1990.

FICHTE (J.G.) *Ecrits de philosophie première : Doctrine de la Science, 1801-1802*, et textes annexes. Traduction, commentaire et notes. 1987.

HEGEL (G.W.F.) *Foi et savoir. Kant, Jacobi, Fichte.* Introduction et traduction. 1988.

BIBLIOTHÈQUE DES TEXTES PHILOSOPHIQUES

Fondateur : Henri GOUHIER   Directeur : Jean-François COURTINE

Emmanuel KANT

MÉTAPHYSIQUE DES MŒURS

DEUXIÈME PARTIE

DOCTRINE DE LA VERTU

INTRODUCTION ET TRADUCTION

PAR

A. PHILONENKO

Quatrième édition

PARIS
LIBRAIRIE PHILOSOPHIQUE J. VRIN
6, Place de la Sorbonne, Vᵉ
1996

Pour Linda.

INTRODUCTION

Les *Premiers Principes métaphysiques de la doctrine de la vertu*, publiés en 1797, comme seconde partie de la *Métaphysique des mœurs*[1], constituent le dernier grand texte systématique publié par Kant. L'ensemble de l'œuvre était depuis longtemps déjà annoncé : il en est, en effet, déjà question dans une lettre de Kant à Erhard du 21 décembre 1792. Erhard lui-même assure dans une lettre du 13 janvier 1793 la prochaine parution de la *Métaphysique des mœurs*. Les admirateurs de Kant durent néanmoins attendre longtemps la morale critique. G. W. Bartoly écrit le 18 septembre qu'il attend la parution de la *Métaphysique des mœurs* « dont Monsieur Fichte m'a assuré, lors de son passage, que l'achèvement ne devait plus tarder ». Ce dernier écrivait à Kant le 20 septembre 1793 qu'il attendait de la parution de la *Métaphysique des mœurs* une joie égale à celle qu'il avait éprouvée en lisant la *Religion dans les limites de la simple raison*. Mais le 17 juin 1794 Fichte constatait qu'il n'avait pas encore entre les mains l'ouvrage désiré.

Quelles furent les raisons qui retardèrent si longtemps la publication de la *Métaphysique des mœurs*, dont il était raisonnable d'espérer une prompte venue puisque Kant devait uniquement en celle-ci développer les principes qu'il avait établis dans la *Critique de la Raison pratique* ? Il est à peu près certain que les difficultés rencontrées par Kant dans l'élaboration définitive de la théorie transcendantale du droit furent une des principales causes de la lenteur avec laquelle l'ouvrage fut composé. La lettre que Schiller adresse à Erhard le 28 octobre 1794 est un document important : « La déduction du droit de propriété est un point qui occupe maintenant beaucoup d'esprits philosophes et, si j'ai bien entendu, nous devons attendre quelque chose de

1. Les *Premiers Principes métaphysiques de la doctrine du droit* sont la première partie de la *Métaphysique des mœurs*. — Nous avons suivi en règle générale le texte de la 2e éd. corrigé par Vörlander. *Philosophische Bibliothek*. Bd. 42. 1945. Leipzig.

Kant sur ce sujet dans sa *Métaphysique des mœurs*. Mais j'ai aussi appris qu'il ne se satisfaisait plus de ses idées à ce sujet et aurait, pour cette raison, repoussé sa publication. » [2] Presqu'à la même date, en effet, Kant écrivait à Lagarde, le 24 novembre 1794, que son travail avançait lentement, à tel point qu'il se voyait incapable d'en fixer le terme, en raison de son âge et des problèmes qu'il rencontrait. Ce faisant Kant mettait l'accent sur une seconde cause : l'âge ! Déjà dans la *Préface* de la *Critique de la Faculté de juger* Kant avait jugé bon d'attirer l'attention de son lecteur sur ce point : « Je vais passer promptement à la doctrine, afin de gagner, si possible, sur mon âge le temps qui peut encore être favorable à ce travail. » [3] — « ... um womöglich meinem zunehmenden Alter die dazu noch einigermassen günstige Zeit noch abzugewinnen. » — Enfin on peut invoquer pour expliquer la tardive publication de l'ouvrage le contexte politique : le 14 août 1795 Kant écrivait à G. F. Seiler qu'il n'était pas impossible de croire que les livres traitant de politique et de morale seraient de plus en plus difficiles à publier ; espérant toutefois que les circonstances se modifieraient, Kant déclarait s'efforcer de clarifier de plus en plus ses propres idées sur la matière.

Il est difficile de mesurer la part que ces diverses causes ont eue dans le retard de la publication de la *Métaphysique des mœurs*. On peut seulement constater que J. G. Kiesewetter ne s'était pas trompé en écrivant à Kant le 8 juin 1795 : « Nous attendrons encore quelque temps assurément votre manuel de métaphysique et de morale... ».

I

Un tel retard ne peut cependant — quel que soit l'exact rôle joué par chacune des causes susceptibles de l'expliquer — manquer d'étonner, surtout en ce qui touche la *Doctrine de la vertu*. Il ne faut pas oublier, en effet, que Kant avait déjà amplement traité le sujet dans ses leçons. L'auteur de la *Critique de la Raison pure* avait, en fait, vingt-huit fois traité dans ses cours la philosophie morale (sous le titre : *Éthique, Philosophie pratique, Philosophie pratique générale* et *Éthique*, et en 1793-1794 avec le sous-titre : *Métaphysique des mœurs*). Il eût été naturel que Kant, qui rédigea comme on le sait en six mois la *Critique de la Raison pure*, et qui était, enfin, depuis la composition de la *Critique de la faculté de juger*, en pleine possession de son

---

2. Schiller fait sans doute allusion à Fichte qui, à cette époque, s'appliquait au problème de la déduction du droit de propriété.

3. *Critique de la faculté de juger* (tr. A. Philonenko), p. 20.

système, élaborât rapidement la *Doctrine de la vertu.* Devant un tel fait on est conduit à se demander si l'âge d'une part, et la lassitude d'autre part n'ont pas considérablement pesé sur la composition de ce dernier grand texte systématique. Delbos semble le penser. Dans son introduction au *Fondement de la métaphysique des mœurs,* Delbos écrit : « Restait pourtant à considérer dans le détail cette Métaphysique des mœurs dont Kant s'était borné à poser les *Fondements* ou à justifier par la *Critique* les conditions essentielles, et dont l'objectivité propre devait être de subsumer sous les lois de la raison l'activité pratique de la nature humaine donnée. Mais lorsque Kant en entreprit l'exécution, sa pensée, alanguie par la vieillesse, avait déjà trop fixé en formules la solution générale de ces problèmes pour être capable de renouveler profondément la matière. » [4]

En étudiant la *Doctrine de la vertu* on ne peut se défendre d'adhérer au jugement sévère de Delbos. La *Doctrine de la vertu* est bien décevante pour le lecteur de la *Critique de la Raison pure* et des *Premiers Principes métaphysiques de la science de la nature.* L'ouvrage apparaît tout d'abord mal proportionné. Une introduction volumineuse, plus longue que les deux introductions à la *Métaphysique des mœurs* et à la *Doctrine du droit,* constitue à peu près le tiers de l'ouvrage. Le développement luimême manque de vie et étonne parfois par sa grande sécheresse. Il semble aussi qu'appuyé sur une philosophie complète Kant ne rencontre plus véritablement de problèmes ; que de choses paraissent acquises, indiscutables ! Kant ainsi, traitant de la sympathie, ne paraît pas mesurer les possibilités de ce concept dont Schopenhauer et Scheler développeront les implications fondamentales [5]. On ne saurait dire par ailleurs que la *Doctrine de la vertu* soit animée par une âme inquiète, pénétrée des difficultés et des paradoxes de l'existence humaine. La question de la *Doctrine de la vertu* est la suivante : *Que devons-nous faire ?* c'està-dire : quelles fins devons-nous nous proposer. Kant la traite, si l'on ose s'exprimer ainsi, scolairement. Quelle différence avec la recherche passionnée et pourtant logique d'un Tolstoï [6], dont ce que l'on pourrait appeler le génie humain vivifiait la théorie des devoirs ? [7] Trop souvent la *Doctrine de la vertu* paraît froide, conventionnelle, peu propre à susciter l'inquiétude éthique, la

4. Delbos in Kant, *Fondement de la Métaphysique des mœurs* (Hachette, 1re éd.), p. 65.
5. Cf. *Doctrine de la vertu,* §§ 34-35. M. Scheler. *Nature et formes de la sympathie* (Payot, 1950).
6. Tolstoï, *Que devons-nous faire ? Œuvres complètes* (J. W. Bienstock), t. XXVI.
7. Cf. L. Chestov, *L'idée de bien chez Tolstoï et Nietzsche* (Vrin, 1949). — Cf. A. Philonenko. *Chestov ou la lutte contre la raison. Revue de métaphysique et de morale,* 1967.

mise en question de l'existence. Il arrive même qu'elle se rapproche dangereusement d'un manuel du savoir-vivre et des usages mondains — pourquoi cacherait-on cette impression ? — comme c'est le cas lorsque traitant de l'amitié Kant croit devoir faire observer que les meilleurs amis ne doivent pas user trop familièrement l'un de l'autre ou, si l'on préfère, agir entre eux d'une manière par trop commune [8]. Enfin — last but not least — la *Doctrine de la vertu* manque de beauté. Dans les trois *Critiques* on rencontre des passages que Kant a voulus sans évidemment toujours y réussir, grands et sublimes ; on en chercherait un en vain dans la *Doctrine de la vertu* ; les pages mêmes où Kant affirme l'élévation de la conscience morale dominant le cours du monde et ses cruautés manquent de vigueur [9]. Tous ces défauts sont indiscutables.

Toutefois si l'on cherche à situer exactement la place de la *Doctrine de la vertu* dans le système de la philosophie pratique — nous ne saurions ici conseiller trop vivement de se reporter aux belles pages écrites à ce sujet par B. Rousset dans son ouvrage consacré à la pensée kantienne [10] — ces défauts pourront dans une large mesure s'expliquer par la nature même du problème considéré et ce faisant ils s'effaceront. Ce qui caractérise la *Métaphysique des mœurs* en effet, c'est de déterminer des règles pour l'application des principes moraux fondamentaux, de même qu'une métaphysique de la nature détermine « des règles pour l'application des principes généraux les plus élevés touchant une nature en général aux objets de l'expérience » [11]. C'est dire qu'une métaphysique des mœurs ne contient ni la recherche, ni l'exposition du principe fondamental de la morale et ne s'abaisse pas non plus au niveau de l'expérience. Elle se situe, dirions-nous assez improprement, à mi-chemin de la réflexion principale et de l'expérience, tout de même que la métaphysique se situait en-deçà de la réflexion transcendantale principielle fondant les principes purs de l'entendement (par exemple le principe de causalité) et au-dessus de l'expérience en établissant, par la liaison des principes purs associés à l'idée de la matière comme donnée, un savoir nécessaire et *a priori* devant précéder les expériences particulières [12]. On doit déjà comprendre par là comment la *Doctrine de la vertu* va demeurer abstraite : il ne s'agit point d'emprunter à l'expérience et à sa vie concrète les

---

8. *Doctrine de la vertu*, § 46, p. 148.

9. *Ibid.*, § 52, p. 161.

10. B. ROUSSET, *La doctrine kantienne de l'objectivité. L'autonomie comme devoir et devenir* (Vrin, 1967), notamment pp. 504-513.

11. *Métaphysique des mœurs, Introduction à la métaphysique des mœurs*, II, — AK, Bd. VI, pp. 215-216.

12. *Ibid.* cf. aussi : *Premiers Principes métaphysiques de la science de la nature* (tr. Gibelin), *Préface*, pp. 13-15.

déterminations du devoir, mais au contraire d'expliciter, en fonction de la réflexion sur la loi morale, les contenus éthiques,
c'est-à-dire les fins que l'homme doit se proposer pour agir
moralement. De là suit bien entendu la relative sécheresse littéraire de la *Doctrine de la vertu*. On peut remarquer comment
la *Doctrine de la vertu* se limite et s'appauvrit nécessairement
en se coupant non seulement de l'expérience individuelle, mais
encore de l'histoire et de la religion, qui constituent les totalités
collectives significatives. Au demeurant soucieux de préserver
l'indépendance morale de l'homme, c'est-à-dire d'opérer la construction de l'objet pratique, la fin que se propose le vouloir, en
partant de la seule réflexion de la liberté sur elle-même,
sans faire intervenir des déterminations extérieures, tels les
contenus religieux, Kant est amené à souligner avec une force
particulière l'autonomie de l'éthique et à la détacher rigoureusement de toute religion. C'est en fonction de la *Doctrine de la
vertu* que la constitution d'une *Religion dans les limites de la
simple raison*, comme doctrine de la religion appliquée à une
histoire donnée, se révèle possible, et ce n'est pas l'élaboration
de la *Religion dans les limites de la simple raison* qui rend
possible la *Doctrine de la vertu*. Dans la *Doctrine de la vertu*,
en tant que philosophie pratique pure, il n'y a aucune place pour
la religion [13]. — Mais par ailleurs la *Doctrine de la vertu*, quoique prétendant à la pureté et la nécessité de l'*a priori* dans la
constitution de la matière ou de l'objet pratique, ne peut qu'opérer la synthèse du concept de liberté externe et d'une fin, considérée comme devoir, sans jamais cesser de s'appuyer sur les
résultats de la réflexion transcendantale. Aussi bien la *Doctrine
de la vertu* comme éthique pure est-elle simplement le développement de principes qu'elle ne saurait remettre en question ;
elle possède donc nécessairement la rigidité propre aux applica-
tions. On comprend dès lors plus facilement l'apparente absence
de problématique qui caractérise la *Doctrine de la vertu*. Ainsi
les défauts littéraires de la *Doctrine de la vertu* sont en vérité
inévitables et l'on est en droit de dire que des défauts inévitables
n'en sont point, tout de même que des erreurs infiniment petites
ne sont plus des erreurs. Sans cesser d'adhérer au sévère jugement de Delbos on voit qu'il convient cependant de le nuancer
et principalement de ne pas exiger de la *Doctrine de la vertu*
plus qu'elle ne devait donner.

Précisons en outre que dans la détermination des contenus
pratiques la *Doctrine de la vertu*, précisément parce qu'elle se
développe *a priori*, moyennant la synthèse du concept de liberté
externe et d'une fin posée comme devoir, ne peut réellement
fixer que des *orientations* pratiques, sans jamais pouvoir concré-

---

13. *Doctrine de la vertu, Conclusion*, p. 168.

tiser exactement ces orientations. Par exemple c'est une orientation pratique nécessaire, une *maxime*, que de développer ses
facultés spirituelles, intellectuelles et corporelles, mais « aucun
principe rationnel n'indique avec précision *jusqu'à quel point* on
doit pousser la culture (le développement ou l'instruction de l'entendement, c'est-à-dire en matière de connaissance ou d'art) ;
de même la différence des situations en lesquelles peuvent se
trouver les hommes rend très arbitraire le choix du genre d'occupations auxquelles ils peuvent consacrer leur talent. — Il n'y a
donc pas ici de loi de la raison pour les actions, mais seulement
une loi pour les maximes des actions qui s'énonce ainsi : « Cultive tes facultés mentales et corporelles pour les rendre aptes
à toutes les fins qui peuvent se présenter à toi, ignorant quelles
seront celles qui seront les tiennes. » [14] Les devoirs de vertu
seront donc des obligations larges en ce sens. Par exemple « il
n'existe pas de limites précises où puisse être contenu le soin
que nous devons avoir de la satisfaction morale d'autrui ; c'est
pourquoi seule une obligation large [peut se rattacher à l'idée
du bien moral des autres]. » [15] Là encore se révèle une limite
interne de la *Doctrine de la vertu* ; la réflexion sur l'orientation,
les maximes, ou bien encore la qualité des actions, ne peut se
prolonger en détermination de la quantité des actions. Ainsi se
confirme la nécessité de n'interroger la *Doctrine de la vertu* qu'à
l'intérieur des limites précises d'une *Métaphysique des mœurs*.

Or que nous révèle une telle interrogation ?

Nous pourrions résumer en ces termes le contenu de la
réflexion sur la *Doctrine de la vertu* : les thèses les plus nouvelles de la philosophie kantienne dans l'histoire de la pensée
morale et qui sont 1° l'élimination du bonheur comme mobile
des actions morales (en quoi Kant s'oppose à de nombreux
philosophes comme on le sait) [16], 2° le refus de définir (comme
Aristote) la vertu comme un juste milieu entre deux vices, 3° le
refus de souscrire à l'unicité de la vertu, qui est, en fait, multiple
en elle-même, 4° l'affirmation que les devoirs de l'homme envers
lui-même constituent les premiers et non les derniers des
devoirs [17], 5° la cohérence logique de l'éthique dans son inté-
gralité (c'est-à-dire l'inexistence des conflits de devoirs) — ne
peuvent être pleinement fondées que dans les perspectives
méthodiques définies par l'entreprise d'une Métaphysique des

14. *Ibid., Introductions*, § VIII, p. 63.

15. *Doctrine de la vertu, Introduction*, § VIII, p. 65.

16. Notons dès maintenant que Kant repousse « l'ascétisme monacal », *ibid.*,
§ 53, p.

17. Dès 1775 dans *Eine Vorlesung ueber Ethik* (P. Menzer, Berlin, 1924) Kant
insistait avec force sur ce point (pp. 146-147). Il y insiste encore dans les
Réflexions sur l'éducation (Paris, 1966), p. 137 (cf. aussi la note 142).

mœurs. Ainsi la contestation non littéraire, mais philosophique du contenu de la *Doctrine de la vertu* sur chacun de ces points met en jeu le système moral critique lui-même. Toutes ces thèses ont été critiquées avec plus ou moins de vigueur. Si l'on cherche à déterminer le moment le plus décisif on verra que la théorie du *bonheur* constitue encore celui-ci. C'est à partir du concept du bonheur que Fichte, Schelling, et plus encore Schiller et Hegel tenteront soit de dépasser, soit de réfuter l'éthique fondée dans la *Doctrine de la vertu*. Kant lui-même l'a bien aperçu, puisque, en dépit de ses précédentes publications où il avait considéré le problème du bonheur [18], il a jugé bon d'y revenir dans l'introduction de la *Doctrine de la vertu* et de montrer, chaque fois qu'il en trouvait l'occasion dans l'exposition de la théorie des devoirs, comment sa thèse sur le bonheur était justifiée [19]. Nous nous attacherons donc ici plus particulièrement à la problématique du bonheur. Mais il ne sera pas mauvais pour préparer l'analyse de suivre tout d'abord la démarche générale de la *Doctrine de la vertu*, de déterminer avec toute la précision désirable les principes et la méthode de celle-ci, et de définir enfin le concept de vertu.

II

Résumons tout d'abord la démarche générale de la *Doctrine de la vertu*.

1. Dans la *Préface* Kant pose la question de savoir si la vertu « doit emprunter ses armes à l'arsenal de la métaphysique, qui relève de la spéculation, qui elle-même est à la portée de bien peu d'hommes ? » [20] A cette question il convient d'apporter une réponse positive — car seule la métaphysique permet de donner à la doctrine de la vertu la sûreté et la pureté, en un mot : la clarté, sans laquelle elle ne saurait espérer posséder quelque efficacité [21]. Il faut donc fonder le concept de la vertu en le

18. Kant évoque notamment dans la *Préface de la Doctrine de la vertu* son article (1796) intitulé : *Von einem neuerdings erhoben vornehmen Ton in der Philosophie.* Cf. la traduction de L. Guillermit in *Première introduction à la Critique de la faculté de Juger* (Vrin), 1968.
19. Voir par exemple le début d'un *Fragment de catéchisme moral*, p. 158-159.
20. *Doctrine de la vertu*, Préface, p. 44.
21. Kant en ceci rejoint la tradition intellectualiste, illustrée par Descartes et par Spinoza : l'idée claire et distincte a plus d'efficacité que l'idée confuse et obscure. Chercher à fonder la morale en clarifiant ses concepts n'est donc pas comme le croyait Hegel ébranler la morale par le fait même de s'interroger et de la mettre en question ; c'est tout au contraire lui donner toujours plus de

ramenant à sa figure rationnelle, de telle sorte que le devoir soit « dicté par la raison ». Aussi bien la métaphysique ne peut qu'écarter toutes les tentatives visant à fonder la morale sur le sentiment ; en effet « le sentiment, quelle que soit son origine, est toujours physique ». Mais, ce faisant, la métaphysique ne deviendra pas transcendante : sa recherche ne dépasse pas absolument le cercle de la conscience commune, puisque ce qu'il s'agit de « clarifier » n'est pas un concept étranger à la conscience humaine, mais seulement l'obscure conception du devoir qui est intérieure à la rationalité en tout homme. L'effort de Kant est nettement défini et orienté : il s'agit d'élever à la clarté de l'évidence la métaphysique du sens commun [22].

C'est aux yeux de Kant, et il le souligne dans la *Préface*, une étrange chose que l'obstination avec laquelle les philosophes se sont efforcés de fonder la morale sur le bonheur. A vrai dire on ne voit pas comment le bonheur pourrait être le principe de la vie morale. Le bonheur précède-t-il l'action ? il est alors pathologique et appartient à l'ordre de la nature. Le bonheur suit-il l'action ? il n'est alors que la conséquence de l'action morale et si à ce titre il appartient bien à l'ordre moral, il est toutefois clair qu'il n'est point un principe, mais seulement une conséquence. En fait dans cet acharnement à défendre le bonheur on discerne d'une part l'impuissance à concevoir l'homme comme un être libre, comme un sujet, qui ne peut être « expliqué » comme on explique les choses, et d'autre part une défense désespérée de la raison théorique refusant de reconnaître le primat de la raison pratique.

On comprend aussi bien pourquoi dans l'*Introduction* qui succède à la *Préface*, Kant revient sur des idées déjà exposées dans ses précédents écrits ; le combat pour la fondation de l'éthique n'est pas complètement terminé. L'*Introduction* comprend dix-neuf paragraphes — donnons-en un aperçu rapide. Kant définit tout d'abord (I) le concept de la doctrine de la vertu : « la doctrine du droit ne concernait que la condition *formelle* de la liberté (constituée par l'accord de la liberté avec elle-même lorsque sa maxime était érigée en loi universelle), c'est-à-dire le droit. En revanche l'éthique nous offre encore une *matière* (un objet du libre-arbitre), une fin de la raison pure... » [23]. Voilà pourquoi Kant pourra affirmer plus loin (X) : « Le principe suprême de la doctrine du droit était analytique » (il se limite à l'idée de l'accord de la liberté avec elle-même), « celui de

---

force en la soumettant à l'épreuve de l'entendement qui la débarrasse de toutes les représentations contingentes. Ainsi le volontarisme de Kant est appuyé sur une pédagogie morale foncièrement intellectualiste.

22. Cf. *Qu'est-ce que s'orienter dans la pensée ?* pp. 9, 64, 85.

23. *Doctrine de la vertu*, Introduction, I, p. 50.

la doctrine de la vertu est synthétique », puisqu'il relie la liberté à une fin. On peut encore dire que la doctrine du droit soumettait la liberté externe à la loi formelle ou juridique, tandis que la doctrine de la vertu soumet la liberté interne à la loi des fins ou des devoirs. La doctrine de la vertu peut donc être définie comme le « système des *fins* de la raison pure pratique », c'est-à-dire comme la *téléologie* pratique rationnelle déterminant les fins que l'homme peut se proposer à lui-même (chose étrangère au droit puisqu'autrui peut me contraindre à une action, mais jamais à me donner à moi-même par l'acte de ma liberté interne une fin), ou bien encore comme le système des devoirs. Et puisqu'il n'est pas d'autre contrainte dans la téléologie pratique que celle que le sujet de l'action peut exercer sur lui-même *(Selbstzwang)* la téléologie pratique ou bien encore l'éthique sera une doctrine de la vertu, puisqu'on nomme vertu le courage *(fortitudo)* avec lequel l'homme se contraint lui-même en dominant ce qui en lui-même s'oppose à l'intention morale. Kant peut dès lors préciser le concept d'une fin qui est aussi un devoir. (II). Dans le domaine du droit les fins que se propose le sujet sont contingentes ; en d'autres termes elles ne sont pas des devoirs — on exige seulement que ces fins ne soient pas telles qu'elles impliquent pour être réalisées que la liberté d'un sujet opprime celle d'un autre. La doctrine du droit va donc de la fin à la maxime : étant donné telle ou telle fin quelle est la maxime morale qui doit être suivie ? réponse : « il faut que la liberté de l'agent » (qui s'exprime dans les fins qu'il se propose) « puisse s'accorder avec la liberté de tout autre suivant une loi universelle ». La doctrine de la vertu, qui doit déterminer les fins que l'homme doit se proposer en partant de la loi morale elle-même, accomplit une démarche opposée : elle va de la maxime aux fins. Il faut bien apercevoir ici pour pénétrer le problème des fins que la doctrine de la vertu est la théorie de la *morale humaine* : « Pour des être finis, mais *saints* (qui ne pourraient pas même être tentés de manquer au devoir), il n'y aurait pas de doctrine de la vertu, mais seulement une doctrine des mœurs »[24]. En d'autres termes : la *Critique de la Raison pratique* est la théorie de la morale considérée comme loi pour l'être raisonnable, sous le concept duquel est subsumé le concept d'homme — la *Doctrine de la vertu* est la théorie de la morale appliqué à l'homme proprement dit. De l'être raisonnable à l'homme l'autonomie de la raison pratique devient autocratie. Mais comme explicitation de l'autocratie de la raison pratique la *Doctrine de la vertu* est proprement métaphysique (III) ; en

---

24. *Doctrine de la Vertu, Introduction*, II, p. 53. Comparer avec ce que Kant dit de la sainteté dans la *Critique de la Raison pratique* (tr. Gibelin), p. 137, note.

effet la détermination des fins « repose sur des principes donnés *a priori* dans la raison pure pratique. »

Quelles sont donc ces fins (IV) ? « *Ces fins sont : ma perfection propre et le bonheur d'autrui* ». On ne peut pas regarder le bonheur *personnel* comme une fin qui est aussi un devoir, car le bonheur étant voulu immanquablement par tout un chacun, il serait contradictoire de présenter le bonheur comme une fin à laquelle nous serions obligé comme à un devoir. Quant à la perfection *d'autrui* elle ne peut pas non plus être une fin qui est un devoir. Seul autrui peut en effet se proposer sa perfection comme fin. *La définition de ces deux fins principielles est facilement élaborée* (V). La perfection personnelle consiste dans la culture des facultés, quant au bonheur d'autrui c'est pour le moi un devoir que d'y contribuer. Mais on voit par là que la *Doctrine de la vertu* ne prescrira pas des lois comme la *Doctrine du droit*, qui impose des actions déterminées en fonction de la volonté en général ou volonté générale [25], mais seulement des maximes, des règles d'orientation pratique, que la volonté du moi doit accepter, par cela seul qu'elles peuvent être conçues comme appartenant à une législation universelle (VI). Il s'ensuit que les devoirs éthiques sont d'obligation large (VII). Ils définissent l'orientation éthique, sans préciser par exemple jusqu'à quel point la culture de la perfection personnelle doit être poussée. (VIII). « Il y a donc une pluralité de devoirs, distincts comme sont distinctes les fins légitimes, et qu'on nomme devoirs de vertu *(officia honestatis)*, parce qu'ils ne sont soumis qu'à la libre contrainte personnelle et non à la contrainte d'un autre homme et qu'ils déterminent la fin qui est en même temps un devoir ». (IX). Cette définition du devoir de vertu permet de distinguer clairement le principe analytique du droit du principe synthétique de la vertu. (X) Et l'on peut, enfin, établir le tableau des devoirs de vertu (XI) en définissant 1° *leur matière*, qui est comme fin personnelle ma propre perfection et comme fin d'autrui son bonheur, 2° *leur forme*, c'est-à-dire la loi comme mobile et qui fonde la moralité de toute libre détermination de la volonté, comme la fin qui est un mobile, en fonde la légalité, 3° *les devoirs intérieurs* de vertu : ce sont ceux qui concernent ma propre perfection et 4° *les devoirs extérieurs de vertu* qui concernent le bonheur d'autrui.

Kant développe ensuite les « prénotions esthétiques » caractérisant la réceptivité de l'âme aux concepts du devoir en général : le sentiment moral, la conscience, l'amour du prochain et le respect pour soi-même (XII) et peut à ce point définir les principes généraux de la métaphysique des mœurs, qui se ramè-

---

25. Cf. notre ouvrage, *Théorie et Praxis dans la pensée morale et politique de Kant et de Fichte en 1793*, ch. VI, p. 50-54 et ch. XIX, p. 196-199.

nent à trois : *en premier lieu* « il ne peut y avoir pour un devoir qu'un seul principe d'obligation » et à la différence des mathématiques qui procèdent par constructions de concepts dans l'intuition et qui peuvent apporter plusieurs preuves d'une même proposition, la métaphysique dont la démarche est celle de la connaissance rationnelle par concepts, sans recours à l'intuition, ne pourra apporter qu'une seule preuve pour une proposition ; en métaphysique la multiplicté des preuves affaiblit les principes — *en second lieu* la différence entre la vertu et le vice (comme on le voit déjà d'après la remarque précédente) ne pourra pas s'appuyer sur le degré suivant lequel on applique certaines maximes — comme si l'avarice n'était qu'une économie trop poussée — mais seulement sur la qualité spécifique des maximes — en *troisième lieu* dans l'analyse de la vertu on doit estimer la puissance de l'homme en partant de la loi, et non juger des devoirs éthiques en partant de la puissance de l'homme. (XIII).

Jointes aux précédentes ces réflexions permettent de définir la vertu : « La vertu est la force morale de la volonté d'un *homme* dans l'accomplissement de son devoir » (XIV). Nous le voyons clairement *après avoir défini l'objet de la vertu* (I-XI), *les dispositions subjectives de l'homme* (XII), *les perspectives d'une métaphysique des mœurs* (XIII). Cela permet de résumer en un principe la distinction de la doctrine de la vertu et de la doctrine du droit (XV) et de définir l'essence de la vertu, qui reposant sur la liberté interne, tandis que le droit considère la liberté externe, suppose *d'abord* l'empire sur soi-même XVI), *puis* l'apathie ou la tranquillité de l'âme (XVII). Comment se construira la doctrine de la vertu ? Elle s'appliquera aux devoirs qui au point de vue de la *forme* ne sont pas susceptibles d'une législation extérieure et ne s'appliquent qu'aux maximes des actions (non aux actions elles-mêmes) et qui au point de vue de la *matière*, les fins des actions, ne concernent que la perfection personnelle et le bonheur d'autrui. Puisque les devoirs de vertu sont d'obligation large il sera nécessaire de joindre à la science, la casuistique qui est l'étude des cas embarrassants qui peuvent apparaître lorsque les obligations ne sont pas strictement déterminées. Quant à la science elle-même elle comprendra une théorie élémentaire de la vertu, qui fixe les devoirs de vertu et une méthodologie (elle-même divisée en didactique et ascétique) qui correspond à une pédagogie pratique.

2. La *doctrine élémentaire des devoirs* se divise quant au contenu en deux séries de devoirs : I) les devoirs de l'homme envers l'homme, qui comprennent A) les devoirs de l'homme envers lui-même, B) les devoirs de l'homme envers les autres hommes — II) les devoirs de l'homme envers les êtres différents de l'homme, qui comprennent A) les devoirs envers les

êtres supérieurs à l'homme, B) les devoirs envers les êtres inférieurs à l'homme. — Déjà dans *Eine Vorlesung ueber Ethik*
Kant niait qu'il existât des devoirs de l'homme envers les êtres
inférieurs à l'homme, c'est-à-dire les animaux et les choses proprement dites. C'est que les animaux et les choses peuvent toujours
être simplement considérés comme des moyens et qu'il n'y a
aucune raison de les respecter comme des fins. Aussi bien les
devoirs envers les êtres inférieurs ne sauraient jamais être que
des devoirs indirects, fondés sur les devoirs directs que l'homme
a envers l'homme et particulièrement envers lui-même. Il est
contraire à l'humanité de briser des choses susceptibles d'être
encore utilisées [26], mais les choses elles-mêmes ne nous impo-
sent pas de les respecter. Lorsque Leibniz replaçait soigneusement sur l'arbre l'insecte qu'il venait d'étudier, ce n'était pas
l'animal qu'il respectait, mais l'humanité [27]. Ainsi les devoirs
envers les êtres inférieurs se ramènent aux devoirs envers soi [28]. —
Dans la *Doctrine de la vertu* Kant considère aussi que l'homme
n'a pas à proprement parler de devoir envers Dieu envisagé
comme un « être » inhumain. « Le devoir *relatif* à Dieu (à proprement parler relativement à l'Idée que nous nous faisons
d'un tel être) est un devoir de l'homme envers lui-même, c'est-
à-dire que ce n'est point une obligation objective de rendre certains services à un autre être, mais seulement une obligation subjective de renforcer le mobile moral dans notre propre raison
législative. » [29] On voit ainsi que la série des devoirs de l'homme
envers les êtres différents de l'homme dépend en fait de la série
des devoirs de l'homme envers l'homme, puisque tout son contenu
se ramène à celui des devoirs de l'homme envers lui-même. La
doctrine élémentaire des devoirs se limite donc aux devoirs de
l'homme envers l'homme. Ce faisant elle introduit une séparation
rigoureuse entre le monde, l'homme et Dieu. L'éthique n'est
aucunement cosmique ; elle est humaine. Plus rigoureusement
encore que l'éthique aristotélicienne qui distinguait les êtres
selon une hiérarchie aristocratique des essences [30], plus rigoureusement aussi que la métaphysique classique qui séparait le
monde et l'homme par la doctrine fondamentale des animaux
machines (qui fondait une réduction des devoirs envers les êtres
inférieurs aux devoirs de l'homme envers lui-même, mais ne
pouvait se présenter que comme une hypothèse susceptible d'être
infirmée par les faits [31]) la doctrine kantienne en déterminant

---

26. *Eine Vorlesung ueber Ethik*, p. 304.
27. *Ibid.*, p. 303.
28. *Doctrine de la vertu*, § 17, p. 118.
29. *Ibid.*, Conclusion, p. 165.
30. M. SCHELER, *Nature et Formes de la sympathie* (Payot, 1950), p. 130.
31. Cf. LEIBNIZ, *Lettre à Conring*, du 18 mars 1678 (Hanovre), in *Die philoso-*

d'une part la relation de l'homme aux êtres inférieurs par la relation de fin à moyen et d'autre part la relation de l'homme à Dieu par la relation de la morale (fondement) à la religion (fondée), établit une séparation radicale entre les êtres, qui ôte à l'éthique toute signification cosmique et qui l'oppose radicalement à la vision du monde de saint François d'Assise, qui selon Max Scheler se caractérisait par l'unification des conduites humaines, toutes subordonnées à l'émotion amoureuse, qu'il s'agisse de conduites relatives au monde, à l'homme ou à Dieu. « Ce qui nous frappe, écrivait Max Scheler, à l'étude même superficielle de la vie de saint François..., c'est de l'entendre traiter de « frères » et de « sœurs » le soleil et la lune, l'eau et le feu, les animaux et les plantes de toute sorte ; c'est de le voir étendre à toute la nature subhumaine l'émotion amoureuse que le christianisme comporte à l'égard de Dieu, considéré comme le Père, et à l'égard du frère et du prochain, qui sont aimés en Dieu ; et c'est de le voir élever la nature en réalité ou en apparence, vers la lumière et l'éclat du surnaturel. » [32] Rien de tel chez Kant. Sa doctrine éthique est une doctrine de séparation. L'homme à la fois séparé de l'objet qu'il domine et de l'Être qui le transcende et envers lequel il ne peut éprouver qu'une nostalgie [33], doit parvenir à une intellection compréhensive d'une vie simplement morale et humaine. Dans la limitation de la doctrine élémentaire des devoirs toute la grande tradition métaphysique classique de la séparation trouve sa justification non plus dans une expression ontologique — comme on le voit encore chez Descartes — mais dans une métaphysique des mœurs [34]. En même temps l'horizon humain se transforme ; il n'est plus *cosmique*, au sens où nous avons pris ce terme, mais *historique* [35]. A bien y regarder la *Doctrine de la vertu*, qui n'est qu'un monologue humain, est la fondation rigoureuse d'une philosophie de l'histoire et ce n'est pas un hasard si Schopenhauer voulant découvrir un lien cosmi-

phischen Schriften von Gottfried Wilhelm Leibniz (G. I. Gerhardt), Bd. I, p. 198 : si l'on voit un singe capable de ruse, donc d'intelligence, il faut renoncer à la doctrine des animaux machines et abandonner l'éthique qu'elle peut fonder. « *Sed et ab eo tempore incipiam fieri Pythagoricus...* »

32. M. Scheler, *op. cit.*, p. 136-137.

33. *Qu'est-ce que s'orienter dans la pensée ?* pp. 71-73. M. B. Rousset conteste cette thèse avec beaucoup de profondeur, affirmant que le « besoin de la raison » n'est pas un désir ontologique, mais un besoin sémantique » (*op. cit.*, p. 619), mais s'il est permis d'assurer, comme nous l'avons fait, que« la raison est besoin et désir de l'Etre parce qu'elle est *désir de soi* » (p. 73), désir ontologique et besoin sémantique ne s'excluent pas, mais au contraire s'unissent dans le mouvement historique de la liberté.

34. Cf. F. Alquié, *La Nostalgie de l'Être*, p. 65.

35. Les *Réflexions sur l'Éducation* sont ici fort précieuses, cf. p. 79 sq. et notre *Introduction*, p. 26-32.

que déterminant l'éthique sera conduit nécessairement à renier l'histoire comme progrès et sens [36]. L'achèvement que reçoit la métaphysique classique de la séparation en devenant métaphysique des mœurs, comme métaphysique de l'homme, est la révélation de la philosophie comme philosophie de l'histoire [37].

On peut mesurer ainsi l'extrême importance des définitions, sans doute sèches et trop souvent mornes, de la *Doctrine de la vertu*. Sans être toujours nouvelles à l'intérieur de la pensée kantienne, comme Delbos le remarquait justement, elles fixent néanmoins définitivement les traits du visage d'une époque de la pensée philosophique. Et c'est pourquoi il est hautement significatif, en ce contexte, de voir Kant inaugurer l'exposé des devoir de l'homme envers l'homme par la justification des devoirs de l'homme envers lui-même. Mais Kant marque aussi en ceci l'originalité de sa morale. Dans *Eine Vorlesung ueber Ethik* il observe : « Aucune partie de la morale n'a été traitée d'une manière plus défectueuse que celle qui concerne les devoirs envers soi-même. Personne ne s'est fait une juste idée des devoirs envers soi ; on les a considérés comme chose de peu d'importance, on ne les a examinés qu'en terminant, comme s'il s'agissait d'un supplément de la morale, croyant que l'homme ayant rempli tous ses devoirs pouvait enfin penser à lui-même. En ceci toutes les morales philosophiques sont fausses. » [38] Dans les *Réflexions sur l'Éducation* Kant insiste sur ce point : « Beaucoup d'auteurs, comme Crugott, ont tout à fait négligé ou exposé de manière fausse la section de la morale qui contient la théorie des devoirs envers soi-même. » [39] La théorie élémentaire des devoirs envers soi-même constitue la *première partie* de la *Doctrine élémentaire* des devoirs. Dans l'*Introduction* de cette première partie (§§ 1-4) Kant résout l'apparente antinomie qui affecte l'idée d'un devoir envers soi-même (§ 1) en montrant d'une part que l'idée de devoir en général suppose celle du devoir envers soi-même (§ 2) et d'autre part que cette dernière idée se justifie dès que l'on distingue l'*homo phaenomenon* et l'*homo noumenon*, puisque « l'homme (considéré en deux sens) peut reconnaître un devoir envers soi sans se contredire (le concept d'homme n'étant pas pris dans un seul et même sens) ». Enfin Kant développe la division des devoirs envers soi-même qui peut être fondée à deux points de vue. *Objectivement* on distinguera suivant la forme et la matière les devoirs envers soi-même en

---

36. SCHOPENHAUER, *Sämmtliche Werke* (Frauenstädt), Bd. III, p. 507-508 *(Ueber Geschichte)*.

37. Il nous semble que la même thèse peut être proposée à propos de la première philosophie de Fichte.

38. P. 146.

39. P. 137.

devoirs *restrictifs* (ou négatifs) et en devoirs *extensifs* (ou positifs). Les devoirs restrictifs qui interdisent à l'homme d'agir contre la fin de sa nature et qui ne concernent que la conservation morale de soi sont des *devoirs parfaits*. Les devoirs extensifs qui concernent la culture morale de soi sont des *devoirs imparfaits*. *Subjectivement* on distingue les devoirs envers soi-même en considérant l'homme « ou comme un être *animal* (physique) et en même temps moral, ou simplement comme un être moral ». Par la suite ces deux points de vue seront l'un et l'autre retenus pour définir les devoirs envers soi.

En fonction de cette *Introduction* la *première partie* de *la Doctrine élémentaire* des devoirs se divise en deux *livres*. Le premier traite (§§ 5-18) des devoirs parfaits envers soi-même ; le second analyse (§§ 19-22) les devoirs imparfaits envers soi-même. Examinons le premier livre. Il comprend deux sections principales et un chapitre complémentaire. Dans la première section Kant analyse les devoirs de l'homme envers soi en tant qu'*être animal* [40]. Puisqu'il s'agit de devoirs parfaits (restrictifs) on expose quels sont les vices que l'éthique doit bannir (§ 5). L'éthique condamne le suicide (§ 6), la luxure (§ 7), l'ivrognerie et la gourmandise (§ 8). Il serait sans doute intéressant de comparer le texte de la *Métaphysique des mœurs* qui traite du suicide avec le passage de *Eine Vorlesung ueber Ethik* consacré au même sujet. L'orientation de la réflexion kantienne est bien entendu sensiblement la même, il existe pourtant d'importantes différences : par exemple l'argument platonicien exposé dans le *Phédon* et qui interdit à l'homme de se suicider parce que ce faisant il abandonne le poste que Dieu lui a confié est avancé dans *Eine Vorlesung ueber Ethik* comme une véritable preuve, tandis que la *Métaphysique des mœurs* le cite entre parenthèses, comme s'il s'agissait d'une « manière de parler ». Cette différence s'explique aisément : Kant en 1797 évite autant que possible toute considération religieuse à l'intérieur de l'éthique [41]. On peut certainement juger que le texte de *Eine Vorlesung ueber Ethik* est plus riche que celui de la *Métaphysique des mœurs* ; ainsi Kant observe dans *Eine Vorlesung ueber Ethik* que seul l'homme détient le pouvoir de renoncer à son existence, chose que ne peuvent accomplir ni les être inférieurs, ni l'Être suprême, puisque l'être *nécessaire* ne saurait se détruire — de même Kant analyse le problème classique, repris ensuite par Fichte [42], du

---

40. Kant fait intervenir ici la distinction subjective des devoirs envers soi-même.

41. Les considérations religieuses étaient au contraire fréquentes dans *Eine Vorlesung ueber Ethik*. Le développement de l'*Éthica* traitait de la religion naturelle, de l'incroyance, de la prière, etc.

42. Fichte, *Das System der Sittenlehre*, SW (I. Fichte), Bd. IV, pp. 263-268.

courage et de la lâcheté dans le suicide, etc. Mais le texte de la
Métaphysique des mœurs conserve le mérite de se limiter à
l'essentiel et compense sa très relative pauvreté par une incom-
parable netteté. Dans la seconde section Kant analyse le devoir
de l'homme envers soi considéré uniquement en tant *qu'être
moral*. Les vices condamnés sont le *mensonge* (§ 9), Kant obser-
vant à ce sujet que la Bible « date le premier crime, par lequel
le mal est entré dans le monde, non du fratricide (Cain), mais
du premier mensonge » *l'avarice* (§ 10), et c'est pour lui l'occasion de critiquer l'éthique aristotélicienne affirmant que la vertu
n'est que le juste milieu entre deux vices, la *fausse humilité* enfin
(§ 11), dont l'analyse permet de proposer des maximes (§ 12).
Tous ces paragraphes (§§ 6-11) sont complétés par des *Questions
casuistiques* extrêmement intéressantes qui examinent dans
quelles conditions une exception pourrait être faite dans l'application des règles. — Ce premier livre, traitant des devoirs parfaits de l'homme envers soi-même, rattache à sa seconde section
(sur les devoirs parfaits envers soi-même en tant qu'être moral)
des considérations portant sur des problèmes généraux : 1° quel
est le devoir de l'homme vis-à-vis de sa conscience ? (§ 13), 2° en
quel sens la connaissance morale de soi est-elle la condition
fondamentale des devoirs envers soi et par conséquent de tous
les devoirs, puisque si les devoirs envers soi n'existaient pas il
n'y aurait aucun devoir ? (§§ 14-15). Enfin le livre s'achève par
un « chapitre épisodique » dont le titre est emprunté à la *Critique de la Raison pure : De l'amphibolie des concepts de la
réflexion moraux*. C'est dans ce chapitre « épisodique » que
Kant opère (§§ 16-18) la réduction essentielle des devoirs que
l'homme peut avoir envers les autres êtres aux devoirs envers
l'homme.

Le *second livre* de la *première partie* de la *Doctrine élémentaire* des devoirs est très court (§§ 19-22), bien que divisé en
deux chapitres. Kant y traite des devoirs imparfaits de l'homme
envers lui-même en considérant tout d'abord l'homme au point
de vue de sa perfection naturelle (§§ 19-20), puis au point de
vue de sa perfection morale (§§ 21-22). Le point le plus intéressant est sans doute la duplicité de la notion de perfection : c'est
sans doute « au point de vue de l'objet (l'Idée dont on doit se
donner pour fin la réalisation) un devoir strict et parfait », mais
étant donnée la *fragilité* humaine [43] « au point de vue du sujet
c'est un devoir large et seulement imparfait envers soi ». Et l'on
ne peut parler dès lors que du devoir imparfait d'être parfait.

---

43. Fragilité = *Gebrechlichkeit*, premier degré dans la corruption du cœur,
suivi par l'*impureté* et la *méchanceté*. Cf. J. BOHATEC, *Die Religions philosophie
Kants in der « Religion innerhalb der Grenzen des blossen Vernunft »* (Hambourg,
1938), pp. 248 sq.

3. La *Doctrine élémentaire* à ce point aborde son second grand moment : à l'analyse des devoirs de l'homme envers soi succède l'analyse des devoirs de l'homme envers les autres hommes qui constitue sa *seconde partie*. Cette seconde partie est tout à fait disproportionnée : elle comprend en effet deux sections *(Hauptstück)* très inégales. La première traite « des devoirs envers les autres simplement considérés comme hommes » et comprend les §§ 23-44 ; en revanche la seconde qui analyse les « devoirs éthiques des hommes entre eux au point de vue de leur état » se limite au § 45. Il est naturellement permis de se demander si Kant ne cède pas ici, comme lui reprochait vivement Schopenhauer qui détestait les fausses fenêtres, à son penchant pour la symétrie. — Quoi qu'il en soit la première section se décompose elle-même en deux chapitres en lesquels Kant traite des devoirs envers les autres hommes considérés en tant que tels, c'est-à-dire abstraction faite de toutes les différences déterminées par l'âge, le sexe, la situation sociale, etc... Les devoirs envers les autres — comme dans *Eine Vorlesung ueber Ethik* — se divisent en effet (§§ 23-25) en devoirs d'amour et devoirs de respect. Le devoir d'amour, qui est l'objet du premier chapitre (§§ 26-36), et dont la racine est la bienveillance active ou amour du prochain (§§ 26-28) comprend A) les devoirs de bienfaisance (§§ 29-31), B) le devoir de reconnaissance (§§ 32-33), C) le devoir de sympathie (§§ 34-35), devoirs auxquels s'oppose « la détestable famille de l'envie, de l'ingratitude et de la joie prise au malheur d'autrui » (§ 36). Dans l'ensemble Kant reprend bien entendu la thèse générale déjà développée dans *Eine Vorlesung ueber Ethik* : l'amour comme devoir méritoire (par lequel nous obligeons autrui) n'est pas l'amour qui procède du sentiment ; en effet on ne saurait considérer comme son devoir ce qui dépend de son penchant *(Neigung)* et non de sa volonté [44]. La déduction du devoir d'amour n'est toutefois plus celle présentée dans *Eine Vorlesung ueber Ethik* ; en celle-ci Kant déduisait le devoir d'amour à partir de l'universalité de la Providence : « Puisque la Providence divine donc est universelle je ne puis être indifférent relativement au bonheur des autres » [45]. Dans la *Doctrine de la vertu* Kant déduit le devoir d'amour de l'universalité à laquelle doit tendre la bonne volonté (§ 27). Une volonté bonne ne peut être égoïste puisqu'elle ne suit que des maximes susceptibles d'être universalisées et par conséquent le sujet sera bienveillant envers *tous* les hommes, c'est-à-dire les autres et lui-même. On peut se poser la question de savoir dans quelle mesure une telle déduction ne fonde pas la réduction des devoirs d'amour aux devoirs de respect. Dans *Eine Vorlesung ueber Ethik* Kant disait que « les

44. *Eine Vorlesung ueber Ethik*, p. 243.
45. *Ibid.*, p. 243.

moralistes et les maîtres devraient veiller autant que possible à présenter les actions dépendant de la bonté *(Gütigkeit)* comme des actions obligatoires et à les réduire au droit »[46]. Il est clair que si le devoir d'amour se fonde dans une universalité rationnelle, il n'est qu'une des expressions du respect dû à la loi et que la distinction entre les devoirs d'amour et de respect est extrêmement mince. Il est permis de penser qu'en dépit de son souci de retrouver la métaphysique du sens commun, la logique de l'éthique kantienne impliquait la négation des devoirs d'amour, quoique reconnus par la tradition, ou plus justement leur réduction aux devoirs de respect. Finalement la justification des devoirs d'amour sera *esthétique* : « Ne vaudrait-il pas mieux, écrit Kant, pour le bien du monde en général que toute la moralité des hommes fût limitée aux devoirs de droit, observés cependant avec la plus extrême scrupulosité, et que la bienveillance, en revanche, fût comptée parmi les *adiaphora* (choses indifférentes) ? Il n'est pas si facile de voir quelles conséquences cela aurait sur le bonheur des hommes ; mais à tout le moins en ce cas il manquerait au monde un grand ornement moral, je veux dire l'amour des hommes, qui, en lui-même, sans même faire rentrer en ligne de compte les avantages (du bonheur), est nécessaire pour représenter le monde comme un beau tout moral *(als ein schönes moralisches Ganze)* dans sa perfection. »[47] Cette intervention du jugement esthétique est sinon extrêmement importante dans la pensée kantienne elle-même, tout au moins extrêmement significative : la détermination du devoir n'est pas totalement soustraite à des critères en eux-mêmes méta-moraux si l'on ose s'exprimer ainsi. Que le texte que l'on vient de citer soit compris dans les *Questions casuistiques* qui concluent le § 35, en lequel avec l'analyse de la sympathie s'achève la détermination des devoirs d'amour et par conséquent juste avant le passage à la détermination des devoirs de respect[48], est, comme on le voit bien, tout à fait remarquable. Encore une fois il n'est pas douteux que dans une logique éthique kantienne la réduction des devoirs d'amour aux devoirs de respect serait pleinement admissible et bien peu choquante. — La détermination des devoirs de respect (§§ 37-44) est assez aisée : elle se fonde essentiellement sur la dignité, conçue comme une qualité dont les hommes se doivent la reconnaissance réciproque (§§ 37-38) ; Kant traite en fait le problème moral et ontologiquement approfondi

---

46. *Ibid.*, p. 247. — Dans les *Réflexions sur l'éducation* Kant traitant des devoirs envers autrui ne dit rien des devoirs d'amour, mais insiste surtout sur le « respect que l'enfant doit avoir pour le droit des autres. » (p. 137).

47. *Doctrine de la vertu*, § 35, p. 135.

48. On peut en effet faire abstraction du § 36 consacré aux vices opposés aux devoirs d'amour.

par Fichte et Hegel de la reconnaissance comme *Anerkennung* [49]. Rien de plus exact, ni de plus profond que les réflexions de Kant sur le mépris (§ 39) et il y a beaucoup de profit à méditer sur la morale du savant qui s'en dégage. « ... il ne faut pas blâmer, écrit l'auteur de la *Critique de la Raison pure*, les faux-pas sous le nom d'absurdité, de jugements dénués de goût, mais bien plutôt présupposer qu'il doit cependant se trouver en ceux-ci quelque chose de vrai et le chercher... et ainsi, tandis que l'on explique la possibilité de l'erreur, on conservera cependant du respect pour l'entendement de l'homme. Et, en effet, si l'on dénie à son adversaire en un certain jugement tout entendement en usant de telles expressions comment veut-on lui faire alors entrer dans l'esprit qu'il s'est trompé ? ». Ici encore se révèle le souci primordial de Kant : établir l'intersubjectivité [50]. Il ne faudra donc pas confondre les erreurs et les fautes, appeler « scandale » *(Skandal)* ce qui est contraire à nos habitudes intellectuelles et à nos mœurs, mais concevoir une *communication* libre des esprits et des volontés (§ 40). Tout ce qui s'oppose à cette libre communication — en manquant au respect d'autrui et de la dignité humaine — est plus qu'un « manque de vertu », qui se définit comme l'omission des devoirs d'amour, c'est un *vice* (§ 41). Les vices fondamentaux sont l'orgueil (§ 42), la médisance (§ 43), la raillerie (§ 44). Ainsi s'achève la première section de la deuxième partie de la *Doctrine élémentaire* éthique. La seconde section de cette deuxième partie (§ 45) s'intitule : *Des devoirs éthiques des hommes entre eux au point de vue de leur état*. Il y est question des devoirs envers les hommes compte tenu de leur état (âge, sexe, état de santé, etc.). Kant déclare que cette section n'en est pas une (si ce n'est dans la table des matières !), parce que ces devoirs ne peuvent être réduits en système, mais ont quelque chose de contingent comme toutes les déterminations liées à l'expérience. Dans *Eine Vorlesung ueber Ethik* Kant écartait ces devoirs du système de l'éthique pour une raison très simple et très vraie en disant à propos des savants (dont l'on pourrait penser que l'état suppose des devoirs particuliers) : tous les hommes sont égaux, seul celui qui est bon moralement possède une valeur éminente [51]. Dans le § 45 toutefois Kant fait une observation importante en remarquant que l'on peut demander à la métaphysique des mœurs quelque chose d'analogue à ce que l'on demande à la métaphysique de la nature qui assure le passage *(l'Uebergang)* à la physique, c'est-à-dire de schématiser les purs principes du

---

49. Fichte, par exemple, *Vorlesungen ueber die Bestimmung des Gelehrten*, SW. VI, pp. 306 sq.

50. Cf. notre *Introduction* à la *Critique de la faculté de juger*.

51. *Eine Vorlesung ueber Ethik*, p. 307.

devoir. Mais il semble que ce schématisme soit irréalisable et que l'on doive s'en tenir à la casuistique [52].

Il reste à considérer la *conclusion* de la *Doctrine élémentaire* : en celle-ci Kant traite de l'amitié, synthèse de l'amour et du respect, dont il souligne d'abord les difficultés (§ 46), en remarquant combien est délicat l'équilibre de l'amour, comparable à la force d'attraction, et du respect, comparable à la force de répulsion [53]. Critiquer est le propre de l'amitié sincère et pourtant la critique n'est-elle pas manque de respect ? Cependant Kant ne dit pas que l'amitié morale est un idéal inaccessible (§ 47). Sans doute peut-elle se comparer au cygne noir *(rara avis in terris, nigroque simillima cygno)*, mais le cygne noir existe réellement de temps à autre dans sa perfection. Dans l'*Appendice* (§ 48) consacré aux vertus de société Kant maintient le jugement porté dans *Eine Vorlesung ueber Ethik* : ce ne sont point des vertus à proprement parler, car la politesse par exemple n'exige pas une victoire sur soi-même, mais ces vertus sociales ont au moins le mérite de rendre aimable la vertu.

4. A la *Doctrine élémentaire* de l'éthique succède enfin la *méthodologie éthique* qui se divise en deux moments : *la didactique éthique* (§§ 49-52) et l'*ascétique éthique* (§ 53). La vertu peut et doit être enseignée et exercée : de là la nécessité d'une didactique (§ 49), dont l'exposé doit être systématique, que ce soit sous la forme de la méthode acroamatique, ou de la méthode érotématique (§ 50). L'élève encore inculte a besoin de cette dernière forme d'enseignement, et Kant souhaite la rédaction d'un catéchisme moral (§ 51), dont il donne lui-même un fragment (§ 52). L'*ascétique* complètera la *didactique* en indiquant comment les dispositions de l'âme peuvent être soutenues. Kant s'oppose ici à l'ascétisme monacal, qui rendant l'âme obscure et sombre, ne constitue pas l'authentique « gymnastique éthique » qui rend courageux et joyeux (§ 53).

Kant achève enfin la *Doctrine de la vertu* dans une conclusion qui sépare rigoureusement l'éthique et la doctrine de la religion. Le titre de la conclusion est, en effet : « la doctrine de la religion comme doctrine des devoirs envers Dieu se situe au-delà des limites de la philosophie morale pure ». Sans doute les devoirs peuvent-ils, suivant l'enseignement de la *Critique de la Raison pratique* être considérés comme des commandements divins, mais ils ne doivent pas être définis comme des devoirs envers Dieu, d'autant plus que la détermination du rapport de Dieu à

52. *Doctrine de la vertu*, p. 146.
53. *Ibid.*, p. 126, p. 146-147.

l'homme — est-il plus fondé sur l'amour que sur la justice ? — dépasse les forces de la raison finie.

Tels sont, sommairement exposés sans doute, le contenu et la démarche générale, la structure de la *Doctrine de la vertu*.

III

Il nous faut à présent revenir sur le sens même d'une *Métaphysique des mœurs*.

L'idée d'une *Métaphysique des mœurs* est à première vue claire et facile. Relisons ce passage de la *Préface* du *Fondement de la Métaphysique des mœurs* : « On peut appeler *empirique* toute philosophie qui s'appuie sur des principes de l'expérience ; *pure* au contraire celle qui expose ses doctrines en partant uniquement de principes *a priori*. Celle-ci, lorsqu'elle est simplement formelle, se nomme *Logique* ; mais si elle est restreinte à des objets déterminés de l'entendement (auf bestimmte Gegenstände des Verstandes), elle se nomme *Métaphysique*. — De la sorte naît l'idée d'une double métaphysique, une *Métaphysique de la nature* et une *Métaphysique des mœurs*. La Physique aura ainsi, outre sa partie empirique, une partie rationnelle ; de même l'Éthique... »[54]. Précisons cette idée en nous appuyant sur l'exemple fourni par la *Métaphysique de la nature*. Dans la *Critique de la Raison pure* Kant détermine, comme on le sait, la structure de l'entendement dans la table des catégories, qui « contient intégralement tous les purs concepts de l'entendement et de même tous les actes formels de l'entendement dans les jugements »[55]. La constitution catégoriale possède deux déterminations fondamentales : d'une part elle est *ordonnée*, c'est-à-dire que les catégories à l'intérieur de chaque titre se synthétisent entre elles (ainsi la *réalité* et la *négation* en se synthétisant à l'intérieur de la *qualité* fondent la *limitation*) et que les titres eux-mêmes se synthétisent (la synthèse de la *quantité* et de la *qualité* fonde la *relation* et cette synthèse s'explicite dans la *modalité*) — d'autre part elle est *close* : par cela même que l'ordre est synthétique (et non pas seulement hiérarchique comme on le voit chez Aristote) toutes les catégories convergent finalement dans la catégorie de *nécessité*. Il s'ensuit que la constitution catégoriale détermine un *système clos*, que l'on peut opposer à l'*expérience* empirique indéfinie et toujours *ouverte*. Et par conséquent si l'on

---

54. *Fondement de la Métaphysique des mœurs*, p. 73-75. — On remarquera bien que Kant parle d'objets déterminés de l'*entendement*.

55. *Premiers Principes métaphysiques de la science de la nature* (tr. Gibelin), p. 17.

rapporte à un objet déterminé (la nature *étendue* ou la nature *pensante*) le système catégorial on obtiendra un horizon de connaissances limité, car l'objet considéré « mis en parallèle avec *toutes* les lois nécessaires de la pensée, donne nécessairement par suite un nombre déterminé de connaissances qu'on peut épuiser complètement » [56]. Une telle connaissance de l'objet sera une connaissance métaphysique. On nomme métaphysique « la pure connaissance rationnelle par simples *concepts* » [57]. Sans doute l'objet déterminé, en l'occurrence, s'il s'agit d'une métaphysique de la nature, la *matière*, suppose un recours à l'expérience. « La métaphysique de la nature corporelle... nous place devant la nécessité de recevoir une sorte de minimum sensible donné... le mouvement » [58]. Mais ce minimum posé et déterminé, qui se substitue à l'objet transcendantal = X, peut être l'objet d'une connaissance *a priori*, par simples concepts. Les avantages d'une telle connaissance sont multiples. En premier lieu elle permet de distinguer ce qui ne peut être connu que par l'expérience et ce qui peut être connu *a priori*. Newton avait accepté sur le simple témoignage de l'expérience la loi de l'action et de la réaction ; Kant prétend, en opérant la construction de la connaissance *a priori* de la matière donnée comme mouvement, rattacher cette loi à un principe pur dont l'ordre des phénomènes peut être déduit ; *ce n'est plus donc l'expérience qui fonde la loi, c'est la loi qui fonde l'expérience* — on mesurera aisément le gain réalisé si l'on se place au point de vue de la modalité ; ce qui conçu comme procédant de l'expérience n'était que contingent, acquiert comme procédant principalement de la raison une évidence nécessaire. En second lieu la recherche métaphysique permet en chaque perspective déterminée d'espérer « avoir des sciences *absolument complètes* ; ce qu'on ne peut se promettre dans aucun autre genre de connaissances » [59]. — La *Métaphysique des mœurs* doit opérer une semblable constitution.

Dans la déduction des fins de la liberté, qui doit être synthétique, et qui constitue précisément le mouvement de la *Métaphysique des mœurs*, il faut accepter un donné, qui soit à la doctrine morale ce qu'est le mouvement à la doctrine philosophique de la physique. Et la combinaison de ce donné avec les principes rationnels déterminera le contenu propre de la *Métaphysique des mœurs*, comme doctrine de la vertu. B. Rousset

56. *Ibid.*, p. 15-16.
57. *Ibid.*, p. 10.
58. J. Vuillemin, *Physique et Métaphysique kantiennes*, p. 24.
59. *Premiers Principes métaphysiques de la science de la nature*, p. 15. Tout ceci repose sur l'idée sans doute fausse que l'évidence suppose l'achèvement, la clôture, si l'on ose s'exprimer ainsi. La notion d'évidence ouverte dépasse le kantisme.

écrit judicieusement : « Il est donc nécessaire d'ajouter aux déterminations précédentes un nouvel élément empirique, qui soit encore le plus général possible après la simple existence externe des choses et des personnes, qui représente le minimum d'emprunt à la matière de l'expérience et qui soit justifié par la position antérieure de la raison comme fin en soi : ce ne peut être que l'*existence empirique en général de la raison*, c'est-à-dire son insertion en tant que raison humaine dans une *nature* empirique et contingente pour elle ; telle est la matière déterminée dans la *Métaphysique de la vertu.* »[60]. Ce qui est essentiel, on le sent bien, c'est l'existence concrète de la raison dans la nature humaine, existence dont le sens est passage de l'autonomie à l'autocratie de la raison pratique. La signification d'une *Métaphysique des mœurs* est donc l'*orientation* de l'existence humaine. Cette orientation est la vertu, dont la structure est déterminée par l'insertion de la raison pratique dans la nature humaine.

Il n'est pas nécessaire de revenir sur le développement détaillé de cette construction métaphysique de la vertu, dont nous voyons maintenant la signification méthodique. Il n'est pas non plus nécessaire de revenir sur les limites que rencontre la construction métaphysique, incapable d'opérer, comme on le sait, la déduction complète *a priori* de toutes les obligations[61]. En revanche il faut préciser le concept de vertu. — Rousseau disait : « Ce mot de vertu signifie force. Il n'y a point de vertu sans combat ; il n'y en a point sans victoire. La vertu ne consiste pas seulement à être juste, mais à l'être en triomphant de ses passions, en régnant sur son propre cœur. Titus, rendant heureux le peuple romain versant partout les grâces et les bienfaits, pouvoit ne pas perdre un seul jour et n'être pas vertueux ; il le fut certainement en renvoyant Bérénice. Brutus faisant mourir ses enfants pouvoit n'être que juste : mais Brutus étoit un tendre père ; pour faire son devoir il déchira ses entrailles, et Brutus fut vertueux. »[62] C'est en ce sens même que Kant entend la vertu : « ... On nomme courage *(fortitudo)* écrit Kant, la force et la décision réfléchie d'opposer une résistance à un adversaire puissant, mais injuste, et lorsqu'il s'agit de l'adversaire

---

60. B. Rousset, *op. cit.*, p. 510.

61. Cf. notre *introduction*, I. La raison est en conséquence obligée de recevoir pour ainsi dire toutes faites les institutions et la moralité effective des individus, se bornant à en examiner la légitimité. Ainsi en même temps que son autonomie devient auto-cratie, la raison de législatrice devient examinatrice. Hegel critiquera ici Kant : formelle, la raison révèle son impuissance dans le système kantien en devenant simple raison examinatrice, cf. Hegel, *Phaenomenologie des Geistes* (Hoffmeister), p. 306 sq. ; tr. Hyppolite, T. I, p. 348. — B. Rousset tente de lever la difficulté, *op. cit.*, p. 513.

62. *Lettre à Franquières.*

que rencontre l'intention morale *en nous*, le courage est alors vertu *(virtus, fortitudo moralis)*. » [63] La vertu « constitue l'unique et suprême gloire guerrière de l'homme » [64]. Elle est, pour autant qu'elle s'oriente vers notre nature pour la *perfectionner*, ou vers autrui pour le rendre *heureux*, négation de la nature ou bien encore négativité. La vertu, entendue en ce sens, est la conscience de la nature humaine comme d'une *réalité contingente* ; ou si l'on préfère c'est le savoir acquis par le Soi dans la lutte éthique que sa nature, en tant qu'humaine, n'est pas une essence, mais simplement un ensemble de possibilités. Ou encore, car on ne saurait trop insister sur ce point, c'est le savoir de son être donné comme d'un néant et la volonté de devenir. Rien ne paraît en un sens plus propre à exprimer la pensée de Kant que la célèbre formule de Fichte : Etre libre n'est rien, devenir libre c'est le ciel [65].

Telle est la raison profonde pour laquelle « le célèbre principe (d'Aristote) que la vertu consiste dans le juste milieu entre deux vices est faux » [66]. Pour comprendre la fausseté du principe aristotélicien, il faut certes observer comme le fait Kant [67], qu'il suppose une détermination du degré des actions en elle-même impossible, mais il faut surtout apercevoir que la vertu est l'infini lui-même, le devoir de se perfectionner et de rendre autrui heureux, par-delà toute borne qui serait fixée par la nature. La vertu ne peut pas être l'équilibre de moments finis, elle est, dans la réalisation d'un être dont la nature est en soi (pour le philosophe) [68] et pour soi (pour la conscience elle-même) un néant qu'il faut élever à l'essence infiniment. « La vertu, dira donc Kant, est toujours en *progrès* et cependant elle se retrouve toujours au commencement. » [69] Pour la vertu ce qui est fait reste à faire. La *Métaphysique des mœurs*, comme doctrine de la vertu, fixe le devenir infini — ou bien encore oriente l'homme vers l'infini.

Mais la vertu procure-t-elle ou non le bonheur ? La conscience vertueuse est-elle aussi conscience malheureuse ? Kant écrit : « Considérée en toute sa perfection la vertu n'est pas représentée comme une chose que l'homme possède, mais plutôt comme une chose qui possède l'homme. » [70] La conscience « possédée » n'est-elle pas niée ? Qu'en est-il du bonheur ?

63. *Doctrine de la vertu, Introduction*, § XIV, p. 77.

65. *Ibid.*, § XIV, p. 78. Sur la guerre, cf. *Critique de la faculté de juger* (tr. A. Philonenko), pp. 101-102.

65. Cf. E. KANT, *Réflexions sur l'éducation, Introduction*, pp. 24-28.

66. *Doctrine de la vertu*, § XIII, p. 76.

67. *Ibid.*

68. Dans la pédagogie seul le maître est conscient de la nature de l'élève ou de l'enfant comme d'un néant d'où doit naître un être libre.

69. *Ibid.*, § XVII, *Remarque*.

70. *Ibid.*, § XIV.

IV

Nous trouvons dans l'œuvre de Fichte deux pensées qui montreront combien la problématique du bonheur est délicate.

Dans la *Sittenlehre* (Doctrine de l'Éthique) Fichte écrit : « Il me faut ici prêter attention à une objection, que j'aurais cru impossible, si elle n'avait été présentée par de bons esprits familiers de la philosophie transcendantale. Comment, demandent-ils, peut-on s'approcher d'un but infini ? est-ce que devant l'infini toute grandeur finie ne sombre pas dans le néant ? — On devrait bien penser qu'il ne s'agit en cette difficulté que de l'infinité, comme chose en soi. *Je* m'approche (de ce but) *pour moi.* Cependant il m'est impossible de saisir l'infinité ; c'est donc toujours un but *déterminé* sur lequel se porte mon regard, et je puis sans aucun doute m'approcher de ce but déterminé, bien que lorsque je l'aurais atteint, par le perfectionnement de mon être tout entier, ainsi que de mon intelligence, qui en résulte, mon but se trouvera d'autant plus éloigné à nouveau ; et c'est dans cette perspective *générale* que je ne puis jamais approcher de l'infini. — Mon but est à l'infini, parce que ma dépendance est infinie. » [71] G. Gurvitch voyait en ceci la faiblesse fondamentale de l'éthique kantienne-fichtéenne [72], et l'on peut effectivement le penser. Nous avons dit que la vertu est le savoir de son être donné, de son être en tant que *datum*, comme d'un néant ; ne faut-il pas ajouter : la vertu est aussi le savoir de l'être que l'on « se fait », de son être en tant que *factum*, comme d'un néant ? Car toute action, confrontée à l'infini éthique, s'abîme dans le néant. Dès lors comment la conscience ne serait-elle point conscience malheureuse ?

Il convient ensuite de remarquer que Fichte, dès le premier moment de sa philosophie, a été tenté de repousser la doctrine kantienne qui sépare vertu et bonheur rigoureusement. Fichte a peut-être songé à situer dans l'opération même, dans le mouvement calme et héroïque de la liberté, la félicité de l'homme. C'est en ce sens que la célèbre formule de Fichte : Être libre n'est rien, devenir libre c'est le ciel, peut être considérée comme contraire à la philosophie kantienne. — Telles sont les deux difficultés fondamentales de l'éthique kantienne : toute action s'abîme dans le néant (comme tout « bien » existant d'ailleurs) [73], — aucune action ne donne le bonheur à la conscience —

---

71. FICHTE, *Das System der Sittenlehre*, SW (I. Fichte), Bd. IV, p. 150.

72. G. GURVITCH, *Fichte's System der konkreten Ethik* (Tübingen, 1924), pp. 270-271.

73. Cf. M. SCHELER, *Le formalisme en éthique et l'éthique materiale des valeurs* (tr. M. De Gandillac, Paris, 1955), p. 226.

et par conséquent le sens de l'existence éthique semble se couvrir d'ombres.

On le sait : la doctrine des postulats prétend apporter une réponse à ces deux difficultés. D'une part la raison pratique postulant l'existence de Dieu nous assure de l'unité finale/ de la vertu et du bonheur — d'autre part la raison pratique en nous commandant de croire en l'immortalité de l'âme confère à la conscience une infinité qui égale celle du but qui doit être atteint. Mais il est intéressant d'observer comment la doctrine des postulats n'a pas satisfait les post-kantiens (notamment Schiller et Hegel) et comment aussi ce n'était point la seule réponse que Kant apportait à ce difficile problème.

C'est Schiller qui le premier a contesté le plus violemment la disjonction kantienne du bonheur et de la vertu et il est important de constater que la tentative de l'auteur de la *Mort de Wallenstein* s'est développée à l'*intérieur* même des perspectives ouvertes par la pensée kantienne. Initialement Schiller a reconnu l'opposition du bonheur et de la vertu dans les termes mêmes de Kant. Dans le célèbre poème *Résignation* Schiller méditant sur l'alternative tragique entre la jouissance et la foi, le bonheur et la vertu, écrivait :

« Geniesse, wer nicht glauben kann ! »

— et il ajoutait ces mots rendus encore plus célèbres par Hegel :

« Die Weltgeschichte ist das Weltgericht. »

Mais bientôt Schiller cessera d'adhérer aux vues kantiennes. Non seulement il jugera, comme le fera plus tard Hegel, que la conception du bonheur de Kant est par trop plate, empirique, et même plus animale qu'humaine, mais encore il pensera découvrir dans l'esthétique kantienne les principes qui constitueront la voie de salut de l'homme. Schiller ne pouvait, on le comprendra aisément, se satisfaire de la définition kantienne du bonheur : « Le bonheur est l'état d'un être auquel tout arrive selon son désir et sa volonté » [74]. Cette définition signifie que le bonheur est chose contingente et extérieure (« tout arrive »), sensible et animale (« son désir et sa volonté »), étrangère à la vie de l'homme comme activité (« est l'état »). Comme l'observait J. Hyppolite commentant Hegel : « ... Kant par son dualisme conçoit le bonheur d'une façon tout empirique... la *Critique de la raison pratique* ne conçoit que l'eudémonisme vulgaire ou la pure moralité... Schelling avait déjà remarqué cette conception du bonheur chez Kant, aussi plate et médiocre que celle de l'*Aufklärung*. » [75] Mais par ailleurs Schiller découvrait dans l'esthétique kantienne un concept de la conscience dépassant la

---

74. *Critique de la raison pratique* (tr. Gibelin — modifiée —, Paris, 1965), p. 138.
75. J. HYPPOLITE, *Genèse et Structure de la Phénoménologie de l'Esprit de Hegel* (1re éd.), pp. 461-462.

disjonction du bonheur et de la vertu et susceptible de permettre l'abandon d'une conception du bonheur aussi vulgaire.

C'est qu'à bien y regarder la *Critique de la faculté de juger*, dans sa partie essentielle qui est l'*Esthétique*, semble apporter une solution à l'alternative du bonheur et de la vertu. En premier lieu Kant définit l'attitude esthétique comme proche de l'attitude morale : elle peut en être le signe [76] et, dans l'*Anthropologie*, Kant dira que le goût est le phénomène de la moralité. En second lieu dans l'*Esthétique* la conscience unifie à deux points de vue bonheur et moralité : d'une part dans une perspective humaine la réflexion sur le jugement esthétique en nous enseignant à suivre les maximes du sens commun [77] nous prépare à découvrir l'universalité humaine qui prélude à l'universalité raisonnable ; d'autre part dans une perspective cosmique le jugement esthétique et la réflexion qui s'exerce sur lui nous invitent non seulement à aimer la nature [78], mais encore à concevoir le monde comme le théâtre de l'œuvre morale de l'espèce humaine. En troisième lieu dans l'opération esthétique le plaisir jaillit de l'opération, de l'*exercice* des facultés dans leur libre et calme jeu, et ce plaisir est *désintéressé*, comme doit l'être l'intention morale. Enfin, comme chacun le sait, le Beau, selon Kant nous conduit de la nature à la moralité, et en ceci possède, comme chez Platon, une fonction *pédagogique*. Il y a une pédagogie esthétique. Schiller va l'élever à l'absolu et c'est la découverte géniale des *Lettres sur l'éducation esthétique de l'homme*, en lesquelles le conflit de la vertu et du bonheur est surmonté.

Aussi bien la beauté devient-elle voie de salut. Schiller constate que l'humanité peut perdre sa dignité ; mais l'art la sauve en la conservant dans des monuments et des pierres chargées de sens — le Beau reste toujours ouvert à travers l'histoire [79]. Mais bien plus ! le Beau permet d'atteindre l'u n i t é d e l'h o m m e à l a q u e l l e K a n t r e n o n c e e n é t a b l i s s a n t l a d i s j o n c t i o n d u b o n h e u r e t d e l a m o r a l i t é. Sans doute il faut comme Kant, comme Reinhold et aussi comme Fichte reconnaître qu'une dualité se manifeste dans l'être humain. Schiller distingue en l'homme *la personne* (« das Bleibende ») et son *état changeant*, le Soi et ses déterminations [80]. Dans la « nature sensible et raisonnable » apparaissent donc deux tendances. La première tendance porte l'homme vers la réalité absolue ; il doit donner une réalité à tout ce qui n'est que forme. La seconde tendance conduit l'homme à la forme

---

76. *Critique de la faculté de juger*, § 42.
77. *Ibid.*, § 40.
78. *Ibid.*, § 67, note. *Doctrine de la vertu*, § 17.
79. *Schillers Werke* (K. Goedeke, Stuttgard), Bd. IV, p. 576.
80. *Ibid.* Bd. IV, p. 581.

absolue (auf absolute Formalität) ; l'homme doit « former » tout
ce qui est extérieur. Ces deux tendances (Sachtrieb, Formtrieb),
Schiller confesse qu'elles se contredisent [81]. Mais, on le voit, en
rester à la contradiction serait en revenir à l'alternative tragique
énoncée dans *Résignation*. A cela Schiller ne saurait se résoudre. Mais il ne veut pas non plus introduire entre les deux
termes de la contradiction une troisième tendance — c'est immédiatement dans leur action réciproque, dans leur « Wechselwirkung » [82] que les deux tendances doivent se médiatiser, révé-
lant ainsi l'unité du bonheur et du devoir, de la sensibilité et
de la raison. Cette « Wechselwirkung » est le j e u (Spieltrieb)
en lequel l'homme fait à la fois l'expérience de sa liberté et de
son existence (Freiheit und Daseyn) atteignant ainsi « une complète intuition de son humanité » [83]. Aussi bien Schiller affirme-
t-il que le dualisme de la sensibilité et de la raison, qui commande la disjonction du bonheur et de la vertu, est présent
dans la lettre, mais non dans l'esprit du système kantien :
« ...und liegt zwar auf keine Weise im Geiste des kantischen
Systems ». [84] C'est bien mal comprendre Schiller que de croire
qu'il a seulement voulu apporter une correction au système
kantien, dont le « rigorisme » lui paraissait outré. Schiller certes
croyait critiquable le rigorisme kantien, mais il visait surtout à
rétablir l'unité de l'homme que le kantisme abandonnait au
moins selon la lettre. Il proposait aussi, on le voit bien, un
concept plus beau du bonheur que Kant. Le bonheur est chez
Schiller lié au jeu en lequel l'Absolu est atteint, parce que le jeu
écarte la nécessité physique — moment en lequel la sensibilité
exclut la liberté — et la nécessité morale — moment en lequel
la liberté exclut la sensibilité [85]. Par le jeu l'homme devient
« lebende Gestalt » [86], c'est-à-dire figure vivante et accomplit ce
qu'il faudrait appeler l'acte historial, en se réalisant, en faisant
de son existence une essence, en devenant lui-même ce qu'il est
par la suppression du temps dans le temps [87].

On voit quels développements pouvait susciter la problématique du bonheur chez Kant — et l'on comprend le sens des lon-
gues explications données au début de la *Doctrine de la vertu*.
Kant devait une dernière fois justifier son point de vue, sans

81. *Ibid.* Bd. IV, p. 586 : « Wahr ist es, ihre Tendenzen widersprechen sich ».
82. Schiller emprunte ce concept à Fichte. Schiller, SW. Bd. IV, p. 586, note.
83. *Ibid.* Bd. IV, p. 590.
84. *Ibid.* Bd. IV, p. 587.
85. *Ibid.* Bd. IV, p. 591.
86. *Ibid.* Bd. IV, p. 592. On sait quelle importance Hegel donnera à l'idée de
Gestalt.
87. *Ibid.* Bd. IV, p. 590.

avoir simplement recours à la série des postulats de la raison
pure pratique.

> « Der Mensch mit seinen Mängeln
> » Ist besser als das Heer von willenlosen Engeln. »

V

Il ne sera pas nécessaire ici de présenter une réfutation détaillée
des thèses de Schiller. La doctrine de Schiller est facile à réfuter.
Comme tous les penseurs qui confondent morale et esthétique,
comme Wolmar tel que nous le dépeint Rousseau, Schiller ne
parvient pas à donner sa véritable place à la v o l o n t é
de l'homme. Sans doute celui-ci peut-il imaginer avoir atteint sa
véritable unité — surtout si l'on songe que l'art est le propre
de l'homme [88] — mais le monde de la grâce est un monde irréel
et sans sérieux ; on croit coordonner devoir et penchant et l'on
doit avouer que toute réalité perd son sérieux : « verliert alles
Wirkliche seinen Ernst ». Le destin de l'esthétisme moral, si l'on
ose s'exprimer ainsi, c'est l'irréalisme. Le dépassement du temps
dans le temps s'accomplit dans l'anéantissement de l'Idéal et en
fin de compte le mouvement sans doute heureux de la liberté
n'est que l'évasion du monde sensible :

> « Fliehet aus dem engem dumpfen Leben ! »

On se donne bien que toute la doctrine kantienne est une protestation contre un tel irréalisme. Tous les développements de
Kant témoignent du souci de donner à la volonté une place fondamentale, en tant que volonté engagée dans l'existence empirique. De là découle la définition de la vertu : « La vertu... est
la force morale de la volonté d'un homme dans l'accomplissement de son devoir » [89] — et le corollaire de cette proposition
est l'élimination du plaisir comme principe de l'action. Ainsi
dans le catéchisme moral il faudra « prêter la plus grande attention à ce que le commandement du devoir ne se fonde pas sur les
avantages ou les inconvénients qui peuvent résulter de son
observation ou de sa violation pour l'homme qu'il oblige... » [90]
D'une manière générale Kant écarte de l'éthique tout ce qui peut
dépendre de la spontanéité naturelle, « du penchant » ; ainsi,
contre Schiller peignant le « Triomphe de l'amour » [91] Kant élève
la protestation de la critique : « L'amour est une affaire de

---

88. Cf. *Der Künstler*, SW. Bd. I, p. 55.
89. *Doctrine de la vertu, Introduction*, § XIV.
90. *Ibid.*, § 52, p. 161.
91. Schiller, SW. Bd. I, p. 26.

sentiment et non de volonté, et je ne peux aimer parce que je le veux... » [92].

Mais afin de mieux clarifier le problème du plaisir Kant revient sur une importante distinction de la *Critique de la Raison pratique*. En celle-ci Kant soulignait comment il convenait de séparer le p l a i s i r et le c o n t e n t e m e n t, ce dernier étant susceptible d'accompagner l'action morale. « Ne dispose-t-on pas toutefois, écrivait Kant, d'un terme désignant non une jouissance, comme le mot bonheur, mais pourtant une satisfaction attachée à l'existence, un analogue du bonheur qui doit nécessairement accompagner la conscience de la vertu ? Mais si ! Ce terme c'est le contentement de soi-même (Selbstzufriedenheit), qui au sens propre, ne signifie jamais qu'une satisfaction négative attachée à l'existence, par laquelle on a conscience de n'avoir besoin de rien. » Et Kant poursuivait, réfutant ainsi à l'avance Schiller : « La liberté, et la conscience de la liberté, en tant que conscience d'un pouvoir que nous avons d'agir avec l'intention prépondérante d'obéir à la loi morale c'est l'*indépendance* à l'égard des inclinations, du moins comme causes déterminantes (sinon comme causes *affectives*) de notre désir ; et en tant que j'ai conscience de cette indépendance en suivant mes maximes morales, elle est l'unique source d'un contentement invariable, nécessairement uni à elle, ne reposant sur aucun sentiment particulier et qui peut s'appeler intellectuel. Le contentement, improprement nommé esthétique, qui repose sur la satisfaction des inclinations, si raffinées qu'on puisse les imaginer, ne peut jamais être adéquat à ce que l'on peut penser à cet égard. » [93] Dans la *Doctrine de la vertu* Kant affirme donc que la conscience vertueuse peut, en tant que conscience vivant dans le contentement de soi, être conscience heureuse : « L'homme... lorsqu'il a triomphé de l'inclination au vice et lorsqu'il est conscient d'avoir accompli son devoir souvent amer, se trouve dans un état de paix intérieure et de contentement que l'on peut justement nommer bonheur et en lequel la vertu est son propre prix. » [94]

Il y a donc un plaisir moral, qui ne peut être acquis toutefois que par le dépassement de la sensibilité. Kant estime que l'eudémonisme repose en fait sur la confusion du bonheur ou plaisir et du contentement. Ainsi s'explique l'épicurisme : « On doit donc trouver étrange que néanmoins des philosophes, anciens aussi bien que modernes, aient pu découvrir déjà en *cette vie* (dans le monde sensible) une proportion tout à fait convenable entre le bonheur et la vertu, ou qu'ils aient pu se persuader d'en avoir conscience. Car Épicure, aussi bien que les Stoïciens, mettait

92. *Doctrine de la vertu, Introduction,* § XII, c.
93. *Critique de la Raison pratique,* p. 132.
94. *Doctrine de la vertu,* Préface, p. 45.

au-dessus de tout le bonheur qui résulte dans la vie de la conscience de la vertu. Lui-même n'avait pas dans ses prescriptions pratiques des sentiments aussi bas qu'on pourrait le conclure des principes de sa théorie, dont il usait pour expliquer, non pour agir, ni comme beaucoup le comprirent, trompés par la substitution du terme de volupté à celui de contentement (Zufriedenheit). » [95] On le voit : Schiller s'abuse en croyant que Kant ignore le plaisir moral et ne connaît que le dualisme de la vertu et du bonheur sensible. De même Schelling et Hegel critiquant la « platitude » de la conception kantienne du bonheur négligeront l'idée si importante du contentement de soi, seule capable ici-bas d'accorder la conscience avec elle-même et de la rendre heureuse. Et l'on comprend qu'en approchant de la conclusion de la *Doctrine de la vertu* Kant dans l'*ascétique morale* insiste sur la joie du cœur : « Les règles de l'exercice dans la vertu *(exercitorum virtutis)* se rapportent à deux dispositions de l'âme : avoir l'âme *courageuse* et *gaie (animus strenuus et hilaris)* dans l'accomplissement de ses devoirs. En effet la vertu doit combattre des obstacles qu'elle ne peut vaincre qu'en réunissant ses forces et en même temps elle doit sacrifier bien des joies de la vie, dont la perte peut parfois rendre l'âme sombre et maussade ; mais ce qu'on ne fait pas avec joie, mais seulement comme une corvée, n'a pour celui, qui en ceci obéit à son devoir, aucune valeur intérieure et n'est pas aimé, mais au contraire on fuit l'occasion de l'accomplir. » Et Kant ajoute : « La culture de la vertu, c'est-à-dire l'*ascétique* morale, possède comme principe de l'exercice vigoureux, ferme et courageux de la vertu, cette sentence des *stoïciens* : habitue-toi à *supporter* les maux contingents de la vie et à écarter les jouissances superflues... C'est une espèce de diététique pour l'homme, qui consiste à se conserver sain moralement. Mais la santé n'est qu'un bien-être négatif, ... Il faut que quelque chose s'y ajoute, qui procure un contentement de vivre et qui soit pourtant purement moral. Suivant le vertueux Épicure, c'était un cœur toujours joyeux. En effet qui pourrait avoir plus de raisons d'être d'une joyeuse humeur... que celui qui est conscient de n'avoir jamais volontairement violé son devoir et qui est certain de ne tomber dans aucune faute de ce genre... » [96]. Tout de même que dans la philosophie de l'éducation le t r a v a i l s'ouvre sur la joie, tout de même dans la philosophie morale la vertu, comme effort de la volonté, s'ouvre sur la joie. Et loin de manquer son unité, par la vertu l'homme la réalise en ce sens qu'il ne dépend que de sa raison, c'est-à-dire de lui-même. Et l'on ne peut dire comme

95. *Critique de la Raison pratique*, p. 130.
96. *Doctrine de la vertu*, § 53.

Schelling ou Hegel que la philosophie morale kantienne « ne conçoit que l'eudémonisme vulgaire ou la pure moralité... » [97] La tentative de Schiller est donc non seulement vouée à l'échec de l'irréalisme éthique, mais elle est encore inutile.

Toutefois ce plaisir moral ne saurait jamais être le principe de l'action : il doit en être la conséquence. « Cependant il est clair, puisque l'homme ne peut se promettre cette récompense de la vertu que de la conscience d'avoir fait son devoir que cette conscience doit être ce qui vient en premier ; c'est-à-dire que l'homme doit se trouver obligé de faire son devoir avant même qu'il pense, sans même qu'il pense, que le bonheur sera la consé-quence de l'observation du devoir. » [98] C'est la vertu qui médiatise le bonheur comme contentement de soi, et ce n'est pas le bon-heur qui médiatise la vertu. Cela est vrai qu'il s'agisse du plaisir physique ou du bonheur le plus simple, par cela même que la vertu nous en rend dignes, ou qu'il s'agisse du plaisir moral qu'elle nous procure. Aussi bien Kant dénonce-t-il avec force le cercle vicieux de l'eudémonisme et sa contradiction : « L'eudé-moniste avec son étiologie se meut dans un cercle. L'eudémo-niste, en effet, ne peut espérer être heureux (ou jouir d'un bon-heur intérieur) que s'il est conscient d'avoir observé le devoir ; et il ne peut être conduit à observer son devoir que s'il voit à l'avance qu'il se rendra ce faisant heureux. — Mais il se trouve aussi en ce sophisme une *contradiction*. En effet d'une part il doit faire son devoir sans commencer par se demander ce qui en résultera pour son bonheur et il doit donc faire son devoir d'après un principe *moral* ; mais d'autre part il ne peut reconnaître quel-que chose comme son devoir, que s'il peut compter sur le bon-heur qui en résultera et alors il se fonde sur un principe patho-logique, qui est précisément le contraire du précédent. » [99]

Kant peut donc reprendre les distinctions critiques établies dans ses œuvres précédentes et notamment dans l'article *D'un ton grand seigneur adopté naguère en philosophie*. Stolberg avait écrit : « Tant que la raison, comme législatrice de la volonté, doit dire aux phénomènes (il s'agit des actions libres des hommes) : *tu me plais — tu me déplais*, elle doit considérer les phénomènes comme des effets des réalités » ; et selon Kant il en concluait « que la législation de la raison a besoin non seulement d'une forme, mais aussi d'une *matière* (d'un contenu, d'une *fin*) comme principe déterminant de la volonté, c'est-à-dire que, pour que la raison soit pratique, il faut qu'il y ait *d'abord*

97. Nous avons déjà souligné dans l'introduction à *Qu'est-ce que s'orienter dans la pensée ?* que le kantisme ne connaissait pas seulement l'eudémonisme vul-gaire, cf. p. 73.
98. *Doctrine de la vertu*, Préface, p. 48. Cf. aussi Introduction, § XII, a.
99. *Doctrine de la vertu*, Préface, p. 46.

un *sentiment de plaisir* (ou de déplaisir) pris à un objet. » « Une telle erreur, commentait Kant, qui, si on la laissait faire son chemin anéantirait toute morale et ne laisserait subsister que la seule maxime du bonheur, qui ne peut avoir à proprement parler de principe objectif (parce qu'elle diffère selon la différence même des sujets), une telle erreur, dis-je, la seule *pierre de touche des sentiments* qui puisse la mettre à coup sûr en évidence est la suivante : ce *plaisir* (ou déplaisir) dont on dit qu'il doit nécessairement *précéder la loi* pour que l'action ait lieu est *pathologique,* tandis que celui que la loi morale doit nécessairement précéder pour que l'action ait lieu, est *moral.* L'un a pour fondement des principes empiriques (la matière du libre-arbitre), l'autre un pur principe *a priori* (il y est uniquement question de la forme de la détermination du vouloir). — De cette façon on peut aussi mettre en évidence le sophisme *(fallacia causae non causae),* puisque l'eudémoniste prétend que le plaisir (le contentement) qu'un homme qui agit droitement a la perspective de sentir par la suite dans la conscience de sa bonne conduite (par conséquent la perspective de sa félicité future) est bien le mobile propre qui l'amène à se conduire bien (conformément à la loi). Car puisqu'il me commence par supposer qu'il s'agit d'un homme qui agit droitement et qui obéit à la loi, c'est-à-dire de quelqu'un en qui la *loi précède le plaisir* pour que, plus tard, dans la conscience de sa bonne conduite il ressente un plaisir de l'âme, c'est donc en vain qu'on tourne en rond en raisonnant pour faire de ce plaisir qui est une *conséquence,* la cause de cette bonne conduite. » [100]

Répondant ainsi au problème de la disjonction du bonheur et de la vertu Kant donnait toute sa valeur à la *bonne conscience* qu'il faut opposer à la *belle âme* visée par Schiller. Sans doute l'idée du plaisir moral ne suffit pas à résoudre le problème du bonheur en sa totalité — la doctrine des postulats doit nécessairement intervenir. Néanmoins l'on peut dire qu'elle suffit à lever les deux difficultés de l'éthique kantienne : il n'est pas vrai que toute action s'abîme dans le néant — il n'est pas vrai qu'aucune action ne donne le bonheur à la conscience. La pensée kantienne, une fois de plus s'affirme cohérente et satisfaisante. Faut-il s'en étonner ? Faut-il aussi s'étonner qu'on ait cherché à la dépasser ? C'est une chose si difficile que d'avoir bonne conscience !

---

100. *D'un ton grand seigneur adopté naguère en philosophie* (tr. Guillermit, Vrin, 1968), pp. 96-97.

MÉTAPHYSIQUE DES MŒURS

SECONDE PARTIE

PREMIERS PRINCIPES MÉTAPHYSIQUES DE LA DOCTRINE DE LA VERTU

PRÉFACE

S'il y a sur quelque objet une *philosophie* (un système de connaissance rationnelle à partir de concepts), alors il doit y avoir pour cette philosophie un système de concepts rationnels purs, indépendants de toute condition d'intuition, c'est-à-dire une *métaphysique*. — Il faut seulement savoir s'il est besoin de premiers principes métaphysiques pour donner à toute philosophie *pratique* en tant que doctrine des devoirs, et par conséquent aussi à la *doctrine de la vertu* (Éthique), un caractère de véritable science (donc systématique) et non pas seulement le caractère (fragmentaire) d'un agrégat de pensées en elles-mêmes sans lien. — Personne ne doutera que cela soit un besoin en ce qui concerne la pure doctrine du droit ; celle-ci ne concerne, en effet, que l'élément *formel* du libre-arbitre qui doit être limité suivant des lois de la liberté dans son rapport à l'extérieur, abstraction faite de toute *fin* en tant que matière du libre-arbitre. La doctrine des devoirs est donc ici une simple doctrine scientifique *(doctrina scientiae)* [1].

---

1. *Celui qui sait la philosophie pratique* n'est pas encore pour cela *un philosophe pratique*. Est un philosophe pratique celui qui fait de la *fin de la raison* le principe de *ses actions*, tout en y joignant en même temps le savoir nécessaire à cet effet. Comme celui-ci ne regarde que l'action, il n'a pas besoin d'être poursuivi jusque dans les fils les plus subtils de la métaphysique quand il ne concerne qu'un simple devoir de vertu et non pas un devoir de droit, in lequel le *mien* et le *tien* doivent être exactement pesés dans la balance de la justice d'après le principe de l'égalité de l'action et de la réaction et qui, par conséquent, doit posséder quelque chose d'analogue à la précision mathématique. En effet il est moins question de savoir en quoi consiste le devoir (chose qu'il est facile d'indiquer en se fondant sur les fins que tous les hommes poursuivent naturellement) que du principe intérieur du vouloir ; il faut, en effet, que la conscience de ce devoir soit en même temps le *mobile* des actions, afin que l'on puisse dire de celui qui lie ce principe de sagesse avec son savoir, qu'il est *un philosophe pratique*.

Or il semble tout à fait contraire à l'idée de cette philosophie (la doctrine de la vertu) de remonter jusqu'aux *premiers* [*principes*] *métaphysiques*, pour faire du concept du devoir, purifié de tout élément empirique (de tout sentiment) un mobile. Alors comment nous ferions-nous une idée de la force extraordinaire et de la puissance herculéenne [dont nous devons faire preuve] pour vaincre les passions mères des vices, si la vertu devait emprunter ses armes à l'arsenal de la métaphysique, qui relève de la spéculation, qui elle-même est à la portée de bien peu d'hommes ? C'est pourquoi toutes les doctrines de la vertu, qu'on les enseigne dans un amphithéâtre, du haut d'une chaire ou dans des livres populaires, sombrent dans le ridicule, quand elles sont ornées de miettes de métaphysique. — Toutefois il n'est pas pour cela inutile, et encore moins ridicule, de rechercher dans une métaphysique les premiers principes de la doctrine de la vertu ; car un philosophe se doit de remonter jusqu'aux premiers fondements de ce concept du devoir — s'il en était autrement, on ne saurait espérer que la doctrine de la vertu en général possède sûreté et pureté. Le moraliste populaire peut bien se contenter de s'appuyer sur un certain *sentiment* que l'on nomme *moral*, en raison de l'effet qu'on en attend, tandis que pour reconnaître si une certaine action est ou n'est pas un devoir de vertu il exige que l'on choisisse comme pierre de touche la question suivante : « Ta maxime demeurerait-elle en accord avec elle-même si chacun dans tous les cas l'érigeait en loi universelle » ? Cependant si c'était simplement le sentiment qui nous faisait un devoir de choisir cette formule <*Satz*> comme pierre de touche, alors ce devoir ne serait plus dicté par la raison, et ne serait plus accepté comme tel qu'instinctivement et par conséquent aveuglément.

Mais en fait aucun principe moral ne se fonde, comme on l'imagine, sur un quelconque *sentiment* ; un tel principe n'est rien d'autre qu'une obscure conception de la *métaphysique* qui est intérieure à la rationalité <*Vernunftanlage*> en tout homme ; c'est ce dont se convainc facilement le maître qui tente d'instruire de manière catéchétique, *socratiquement*, son élève sur l'impératif du devoir et sur l'application de celui-ci à l'appréciation morale de ses actions. — L'*exposé* (la technique) n'a pas besoin d'en être métaphysique et il n'est pas nécessaire que la langue soit scolastique, sauf si le maître veut faire de son élève un philosophe. Mais la *pensée* doit remonter jusqu'aux éléments de la métaphysique, sans laquelle on ne peut espérer dans la doctrine de la vertu ni sûreté, ni pureté, ni même aucune espèce d'influence.

Si l'on écarte ce principe, si donc on part du *sentiment*, qu'il soit *pathologique* ou purement esthétique ou même moral (de ce qui est subjectif et pratique au lieu de ce qui est objectif), c'est-à-dire si l'on part de la matière de la volonté, de la *fin* et non de la forme de la volonté, c'est-à-dire de la *loi*, afin de déterminer les devoirs, alors il ne saurait évidemment y avoir de *premiers principes métaphysiques* de la doctrine de la vertu ; en effet le sentiment, quelle que soit son origine est toujours *physique*. — Mais alors aussi la doctrine de la vertu sera corrompue en sa source même, qu'on la destine aux écoles ou aux conférences, etc... Ce n'est pas, en effet, une chose indifférente que les mobiles par lesquels, en tant que moyens, on se trouve conduit à une bonne disposition (en ce qui regarde l'exécution de tous les devoirs). — *La métaphysique* peut donc répugner à ces prétendus philosophes qui se pronor.cent sur la doctrine des devoirs comme des *oracles* ou bien encore à la manière du *génie*, ce sera cependant pour ceux qui s'y consacrent un devoir absolu que de remonter dans la doctrine des devoirs elle-même à ses principes fondamentaux et que de commencer par s'asseoir sur les bancs de son école.

On peut légitimement s'étonner qu'en dépit de toutes les explications jusqu'ici données du principe du devoir, en tant que dérivé de la raison pure, on ait encore pu croire possible de le ramener à la *doctrine du bonheur*, si bien qu'à la fin on a imaginé un certain bonheur *moral*, qui ne repose pas sur des causes empiriques, ce qui est une fiction se contredisant elle-même. — L'homme pensant, il est vrai, lorsqu'il a triomphé de l'inclination au vice et lorsqu'il est conscient d'avoir accompli son devoir souvent amer, se trouve dans un état de paix intérieure et de contentement que l'on peut justement nommer bonheur et en lequel la vertu est son propre prix. — Mais l'*eudémoniste* nous dit que ce plaisir, que ce bonheur est le véritable principe moteur qui conduit l'homme à agir vertueusement. Le concept du devoir ne déterminerait pas *immédiatement* sa volonté, mais ce serait seulement par la *médiation* du bonheur qu'il vise que l'homme serait conduit à faire son devoir. — Cependant il est clair, puisque l'homme ne peut se promettre cette récompense de la vertu que de la conscience d'avoir fait son devoir que cette conscience doit être ce qui vient en premier ; c'est-à-dire que l'homme doit se trouver obligé de faire son devoir avant même qu'il pense, sans même qu'il pense, que le bonheur sera la conséquence de l'observation du devoir. Ainsi l'eudémoniste avec son *étiologie* se meut dans un *cercle*. L'eudémoniste, en effet, ne peut espérer être *heureux* (ou jouir d'un bonheur intérieur) que s'il est conscient d'avoir observé le devoir ; et il ne peut être conduit à observer son devoir que s'il voit à l'avance qu'il se rendra ce faisant heureux. — Mais il se trouve aussi en ce sophisme une *contradiction*. En effet d'une part il doit faire son devoir sans commencer par se demander ce qui en résultera pour son bonheur et il doit donc faire son devoir d'après un principe *moral* ; mais d'autre part il ne peut reconnaître quelque chose comme son devoir, que s'il peut compter sur le bonheur qui en résultera et alors il se fonde sur un principe *pathologique*, qui est précisément le contraire du précédent.

Je crois avoir ramené ailleurs (dans la *Berlinische Monatsschrift* [a]) à sa plus simple expression la différence du plaisir *pathologique* et du plaisir *moral*. Le plaisir qui doit être donné avant l'exécution de [l'action admise par] la loi, afin que l'on agisse conformément à la loi, est *pathologique* et alors la conduite suit l'*ordre de la nature* ; le plaisir que la loi doit devancer s'il doit être senti, appartient à l'*ordre moral*. Si cette distinction n'est pas observée, si l'on pose en principe l'*eudémonie* (le principe du bonheur) à la place de l'*éleuthéronomie* (du principe de la liberté dans la législation intérieure), il en résultera l'*euthanasie* (la douce mort) de toute morale.

Il n'est point d'autre cause de ces erreurs que la suivante. L'impératif catégorique, dont procèdent dictatorialement ces lois, ne peut entrer dans l'esprit de ceux qui ne sont habitués qu'aux explications physiologiques, bien qu'ils se sentent irrésistiblement contraints par lui. Mais le mécontentement de ne pouvoir *expliquer* ce qui dépasse entièrement ce cercle (la *liberté* du libre-arbitre), si sublime <*seelenerhebend*> que soit

---

a. Cf. *D'un ton grand seigneur adopté naguère en philosophie* (tr. Guillermit, Vrin, 1968).

le privilège de l'homme que de pouvoir être capable d'une telle
Idée, suscite par les orgueilleuses prétentions de la raison spéculative, qui dans d'autres champs sent si puissamment sa force,
une levée en masse, pour ainsi dire, pour défendre l'omnipotence
de la raison théorique contre cette Idée et ainsi s'efforce-t-on
aujourd'hui, et peut-être s'efforcera-t-on longtemps mais toujours en vain, de combattre le concept moral de liberté et de le
rendre aussi suspect que possible.

INTRODUCTION A LA DOCTRINE DE LA VERTU

Jadis le mot ÉTHIQUE signifiait la *doctrine des mœurs (philosophia moralis)* en général, que l'on nommait aussi la *doctrine des devoirs*. On a cru bon par la suite de n'appliquer ce terme qu'à une partie de la doctrine des mœurs, c'est-à-dire à la doctrine des devoirs qui ne sont pas soumis à des lois extérieures (et pour laquelle on a jugé appropriée en allemand l'expression de *Tugendlehre*) ; en sorte que maintenant on divise le système de la doctrine générale des devoirs en *doctrine du droit (iurisprudentia)*, laquelle peut comprendre des lois extérieures, et en *doctrine de la vertu (ethica)*, qui ne peut en comprendre ; et l'on peut s'en tenir là.

I

Explication du concept d'une doctrine de la vertu

Le *concept du devoir* est déjà en lui-même le concept d'une *contrainte* du libre-arbitre par la loi ; cette contrainte peut maintenant être *extérieure* ou *personnelle* <*Selbstzwang*>. L'impératif moral indique par son décret catégorique (le « devoir » inconditionné) cette contrainte, qui ne concerne pas les êtres raisonnables en général (car il peut y en avoir de *saints*), mais seulement les *hommes* comme *êtres de la nature* <*Naturwesen*> raisonnables, qui manquent assez de sainteté pour avoir envie de violer la loi morale, bien qu'ils en reconnaissent l'autorité, et lorsqu'ils lui obéissent pour ne le faire que *contre leur gré* (en résistant à leur penchant), en quoi consiste précisément la contrainte [1]. — Mais l'homme étant cependant un *être libre* (moral), le concept du devoir ne peut envelopper aucune autre contrainte qu'une *contrainte personnelle* (par la représentation de la loi seulement), lorsqu'il s'agit de la détermination interne de la volonté (les mobiles). En effet c'est ainsi seulement qu'il est possible d'unir cette *contrainte* (fût-elle même extérieure) avec la liberté du libre-arbitre ; mais à ce point de vue le concept du devoir devient un concept éthique.

Les penchants de la nature forment donc dans le cœur de l'homme des *obstacles* à l'accomplissement du devoir et aussi des forces opposées (en partie puissantes) que l'homme doit se juger capable de combattre et de vaincre par la raison non seulement dans l'avenir, mais aussi à l'instant même tandis qu'il y pense ; en d'autres termes l'homme doit se juger capable de *pouvoir* ce que la loi lui ordonne inconditionnellement comme ce qu'il *doit* faire.

Or on nomme *courage (fortitudo)* la force et la décision réfléchie d'opposer une résistance à un adversaire puissant, mais injuste, et lorsqu'il s'agit de l'adversaire que rencontre l'intention morale *en nous* le courage est alors VERTU *(virtus, fortitudo moralis)*. Ainsi la doctrine générale des devoirs dans la partie qui consiste à soumettre à des lois non pas la liberté extérieure, mais la liberté intérieure, est une *doctrine de la vertu*.

La doctrine du droit ne concernait que la condition *formelle* de la liberté (constituée par l'accord de la liberté avec elle-même lorsque sa maxime était érigée en loi universelle), c'est-à-dire le DROIT. En revanche l'éthique nous offre encore une *matière* (un objet du libre-arbitre), une FIN de la raison pure, qu'elle présente en même temps comme une fin objectivement

---

1. Toutefois lorsqu'il se considère objectivement, en fonction de sa détermination par sa raison pure pratique (d'après *l'humanité* en sa propre personne), l'homme se trouve en même temps comme *être* moral assez saint pour ne violer la loi intérieure qu'à *contre-cœur* ; c'est qu'en effet il n'existe pas d'homme assez dépravé pour ne pas sentir en lui-même tandis qu'il la viole une résistance et un sentiment de mépris pour lui-même, qui le mène à exercer une contrainte sur lui-même. Expliquer le phénomène suivant lequel en cette alternative (qu'illustre la belle fable d'Hercule placé entre la vertu et la volupté) l'homme se montre plus disposé à écouter son penchant que la loi, est chose impossible ; c'est que nous ne pouvons expliquer ce qui arrive qu'en le dérivant d'une cause d'après des lois de la nature ; et en ce cas nous ne parvenons plus à penser le libre-arbitre comme libre. — Cependant cette contrainte personnelle qui se manifeste en deux sens opposés, ainsi que l'impossibilité d'éviter [ce conflit], nous font connaître l'incompréhensible qualité de la *liberté*.

nécessaire, c'est-à-dire comme un devoir pour les hommes. — En effet puisque les penchants sensibles nous égarent vers des fins (comme matière du libre-arbitre), qui peuvent être contraires au devoir, la raison législatrice ne peut autrement combattre leur influence qu'en leur opposant à son tour une fin morale, qui doit être ainsi donnée *a priori* indépendamment du penchant.

On nomme *fin* l'objet du libre-arbitre (d'un être raisonnable), dont la représentation détermine [le vouloir] à une action qui produise cet objet. — Or je puis bien à la vérité être contraint par autrui à des actions qui sont dirigées en tant que moyens vers une fin, mais je ne puis jamais être contraint par autrui *à posséder une fin*, c'est moi seul qui détiens le pouvoir de *me* proposer quelque chose comme fin. — Mais si, de plus, je suis obligé de me proposer comme fin quelque chose qui est compris dans les concepts de la raison pratique et si par conséquent [je dois admettre] en plus du principe formel de détermination du libre-arbitre (tel que celui qu'enveloppe le droit), encore un principe matériel de détermination, qui consiste à posséder une fin, qui puisse être opposée à la fin qui résulte des penchants sensibles, il s'agit alors du concept d'une *fin qui est en elle-même un devoir* ; et la théorie de celle-ci ne peut relever de la doctrine du droit, mais appartient à l'éthique, dont le concept n'implique rien d'autre qu'une *contrainte personnelle* d'après des lois morales.

Par la même raison on peut également définir l'éthique comme le système des *fins* de la raison pure pratique. — Fin et devoir lié à la contrainte <*Zwangspflicht*>, ces deux expressions caractérisent les deux divisions de la doctrine générale des mœurs. Que l'éthique contienne des devoirs que l'on ne puisse être contraint (physiquement) d'observer par autrui, c'est là ce qui résulte simplement de ce qu'elle est une doctrine des *fins* ; en effet subir ou se proposer une semblable *contrainte* est chose contradictoire.

Mais que l'éthique soit une *doctrine de la vertu (doctrina officiorum virtutis)*, c'est là ce qui découle aussi de la précédente définition de la vertu, comparée à l'obligation, dont le caractère propre a également été indiqué. — En effet, il n'existe aucune autre détermination du libre-arbitre, qui par son concept soit propre à échapper à toute contrainte même physique dépendant du libre-arbitre d'autrui, en dehors de celle qui consiste à se proposer une *fin*. Autrui peut bien me *contraindre à faire* quelque chose, qui n'est pas ma fin (mais seulement un moyen pour le but d'autrui) ; il ne saurait me contraindre *à m'en faire une fin* et je ne puis donc avoir une fin sans me la proposer moi-même. Le contraire serait une contradiction ; ce serait un acte de liberté qui en même temps ne serait pas un acte libre. — En revanche il n'est pas contradictoire de se proposer à soi-même une fin, qui est en même temps un devoir ; car alors je me contrains moi-même et cela est très conciliable avec la liberté [1]. — Mais comment une telle fin est-elle possible ? telle est maintenant la question. Car la possibilité du concept d'une chose (à savoir que ce concept ne comprenne pas de contradiction) ne suffit pas encore pour que l'on admette la possibilité de la chose elle-même (la réalité objective du concept).

II

Explication du concept d'une fin, qui est aussi un devoir

On peut penser de deux manières le rapport de la fin au devoir : ou bien on peut en partant de la fin chercher la *maxime* des actions conformes au devoir, ou bien, inversement, partant de cette maxime on peut chercher la *fin* qui est en même temps un devoir. — La *doctrine du droit* suit la première démarche. On laisse à chacun la liberté de fixer à ses actions la fin qui lui convient. Mais la maxime des actions est déterminée *a priori* : il faut que la liberté de l'agent puisse s'accorder avec la liberté de tout autre suivant une loi universelle.

L'*éthique*, en revanche, suit une démarche opposée. Elle ne peut partir des fins que l'homme peut se proposer et décider d'après cela des maximes qu'il doit admettre, c'est-à-dire de son

---

1. L'homme est d'autant plus libre qu'il est moins soumis à la contrainte physique et qu'il l'est plus par contre à la contrainte morale (par la simple représentation du devoir). — Celui qui, par exemple, doué d'une force de résolution assez ferme et d'une âme assez forte pour ne pas renoncer à un divertissement qu'il a projeté, si étendues que soient les fâcheuses conséquences dont on l'avertit, renonce cependant inconditionnellement à son projet, mais non sans regret, dès qu'on lui représente qu'il négligerait ce faisant ses devoirs, ou bien un père malade, fait au plus haut degré preuve de sa liberté par le fait même de ne pas pouvoir résister à la voix du devoir.

devoir ; car ces fins, en effet, ne seraient que des principes empiriques pour les maximes et ils ne sauraient fournir aucun
concept du devoir, puisque celui-ci (le devoir catégorique) a sa
racine uniquement dans la raison pure ; et c'est pourquoi, si
les maximes devaient être dégagées de ces fins (qui sont toutes
intéressées), il ne pourrait pas à proprement parler être question d'un concept du devoir. — Dans l'éthique ce sera donc le
concept du devoir qui conduira à des fins et les *maximes* relatives aux fins que nous *devons* nous proposer, devront se fonder sur des principes moraux.

Après avoir indiqué ce qu'est une fin qui est un devoir en elle-
même et comment une telle fin est possible, il sera seulement
nécessaire de montrer ici pourquoi un devoir de ce genre se
nomme un *devoir de vertu*.

A tout devoir correspond *un* droit, considéré comme une
faculté (facultas moralis generatim) ; mais on ne peut dire qu'à
tous les devoirs correspondent *des* droits au nom desquels autrui
peut exercer une contrainte sur quelqu'un *(facultas iuridica)* ; ceci
ne vaut que pour les *devoirs de droit*. — De même le concept de
vertu correspond à toute *obligation* éthique, mais tous les devoirs
éthiques ne sont pas pour cette raison des devoirs de vertu.
En effet, les devoirs qui concernent moins une certaine fin
(matière, objet du libre-arbitre) que le seul élément *formel*
<*bloss das Förmliche*> de la détermination morale de la volonté
(par exemple : l'action conforme au devoir doit être faite *par
devoir*), ne sont pas des devoirs de vertu. Seule une *fin qui est
en même temps* devoir peut être appelée un DEVOIR DE VERTU.
C'est pourquoi il y a plusieurs devoirs de ce genre (ainsi que
plusieurs vertus), tandis que du premier point de vue il n'y a
qu'un seul devoir valable, mais qui vaut pour toutes les actions :
l'intention vertueuse.

Le devoir de vertu se distingue essentiellement du devoir de
droit en ce qu'une contrainte extérieure est moralement possible par rapport à ce dernier, tandis que le premier repose uniquement sur une libre contrainte personnelle. — Pour des êtres
finis, mais *saints* (qui ne pourraient pas même être tentés de
manquer au devoir) il n'y aurait pas de doctrine de la vertu,
mais seulement une doctrine des mœurs, qui implique une autonomie de la raison pratique, tandis que la doctrine de la vertu
suppose aussi une *autocratie* de la raison pratique, c'est-à-dire
la conscience, sinon immédiatement perçue, du moins rigoureusement déduite de l'impératif catégorique moral, de la *faculté* de

se rendre maître des penchants contraires à la loi ; c'est pourquoi la moralité humaine à son plus haut degré ne peut rien être plus que vertu ; et cela serait encore vrai si elle était toute pure (entièrement libre de l'influence d'un mobile étranger au devoir), car elle est alors un Idéal (dont on doit sans cesse se rapprocher) que l'on personnifie communément sous le nom de *sage*.

Mais il ne faut pas non plus définir et apprécier <*würdigen*> la vertu comme une habileté <*Fertigkeit*> et (comme s'exprime le prédicateur *Cochius* dans son mémoire couronné) comme une longue *habitude* à des actions moralement bonnes acquises par l'exercice. Car si cette habitude n'est pas l'effet de principes réfléchis, fermes, toujours plus éclairés, alors, comme tout autre mécanisme élaboré à partir de la raison techniquement pratique, elle ne sera ni adaptée à tous les cas, ni assez garantie contre le changement que de nouvelles tentations peuvent produire.

Remarque

Si la vertu = + A, *le manque de vertu* <*negative Untugend*> (faiblesse morale) = O, lui est opposé comme *logiquement contradictoire (contradictorie oppositum)*, en revanche le vice = — A lui est opposé comme son *contraire (contrarie s. realiter oppositum)*. Aussi bien demander si de grands *crimes* n'exigent point peut-être plus de force d'âme que de grandes vertus, ce n'est pas seulement poser une question qui n'est pas nécessaire, c'est aussi poser une question choquante. En effet par force d'âme nous entendons la force de la résolution d'un homme en tant qu'être doué de liberté, par conséquent dans la mesure où il est maître de soi (dans son bon sens), et est alors dans l'état en lequel l'homme est *sain*. Mais les grands crimes sont des paroxysmes dont l'aspect fait frémir tout homme sain d'esprit. La question reviendrait sans doute à ceci : un homme dans un accès de folie peut-il avoir plus de forces physiques que lorsqu'il se trouve dans son bon sens ? — c'est là ce que l'on peut admettre sans accorder pour cela à cet homme plus de force d'âme, si par âme on entend le principe vital de l'homme dans le libre usage de ses forces. En effet puisque les crimes ont leur principe uniquement dans la force des penchants qui *affaiblissent* la raison, ce qui ne prouve aucune force d'âme, la question proposée serait assez semblable à celle de savoir si l'homme frappé par une maladie peut faire preuve de plus de force que dans l'état de santé, question à laquelle on peut donner une réponse franchement négative, puisque le manque de santé, laquelle consiste dans l'équilibre de toutes les forces corporelles de l'homme, est un affaiblissement dans le système de ces forces, qui seul peut permettre de reconnaître la santé absolue.

III

Du principe d'après lequel on peut concevoir une fin qui est en même temps un devoir

On appelle FIN un *objet* du libre-arbitre, dont la représentation détermine le libre-arbitre à une action par laquelle cet objet est produit. Toute action possède donc sa fin et comme personne ne peut avoir une fin sans se proposer *soi-même* l'objet de son libre-arbitre, c'est un acte de la *liberté* du sujet agissant, et non un *effet* de la nature, d'avoir pour ses actions une fin quelconque. Mais comme cet acte, qui détermine une fin, est un principe pratique, qui ne commande pas les moyens (par conséquent qui ne commande pas conditionnellement), mais la fin elle-même (qui commande donc inconditionnellement), il s'agit d'un impératif catégorique de la raison pure pratique, par conséquent d'un impératif qui lie un *concept du devoir* avec celui d'une fin en général.

Or il doit y avoir une telle fin et un impératif catégorique qui lui corresponde. En effet puisqu'il y a des actions libres, il faut aussi qu'il y ait des fins auxquelles tendent ces actions comme à leur objet. Et parmi ces fins il doit aussi y en avoir quelques-unes, qui soient en même temps (c'est-à-dire suivant leur concept) des devoirs. — En effet s'il n'y avait pas de telles fins, et comme aucune action ne peut être sans fin, toutes les fins ne vaudraient jamais pour la raison pratique que comme des moyens pour d'autres fins et un impératif *catégorique* serait impossible, ce qui serait la négation de toute doctrine des mœurs.

Il ne s'agit pas ici des fins que l'homme *se fait* en suivant les penchants sensibles de sa nature, mais des objets du libre-arbitre, soumis à ses lois, dont il *doit se faire* une fin. On peut dire que les premières constituent une téléologie technique (subjective) à proprement parler pragmatique, contenant les règles de la prudence dans le choix des fins, tandis que les secondes constituent la téléologie morale (objective) ; cette distinction est toutefois superflue ici, parce que la doctrine des mœurs se sépare déjà clairement suivant son simple concept de la doctrine physique <*Naturlehre*> (c'est-à-dire ici de l'anthropologie), cette dernière reposant sur des concepts empiriques, tandis que la téléologie morale, qui traite des devoirs, repose sur des principes donnés *a priori* dans la raison pure pratique.

IV

Quelles sont les fins qui sont en même temps des devoirs ?

Ces fins sont : *ma perfection propre* et le *bonheur d'autrui.*

On ne peut inverser la relation de ces termes et faire du *bonheur personnel* d'une part, lié à la *perfection d'autrui* d'autre part, des fins qui seraient en elles-mêmes des devoirs pour la même personne.

Le bonheur personnel, en effet, est une fin propre à tous les hommes (en raison de l'inclination de leur nature), mais cette fin ne peut jamais être regardée comme un devoir, sans que l'on se contredise. Ce que chacun inévitablement veut déjà de soi-même ne peut appartenir au concept du *devoir* ; en effet le devoir est une *contrainte* en vue d'une fin qui n'est pas voulue de bon gré. C'est donc se contredire que de dire qu'on est *obligé* de réaliser de toutes ses forces son propre bonheur.

C'est également une contradiction que de me prescrire comme fin la *perfection* d'autrui et que de me tenir comme obligé de la réaliser. En effet la *perfection* d'un autre homme, en tant que personne, consiste en ce qu'il est capable de se proposer lui-même sa fin d'après son concept du devoir, et c'est donc une contradiction que d'exiger (que de me poser comme devoir) que je doive faire à l'égard d'autrui une chose que lui seul peut faire.

V

Explication de ces deux concepts

A

La perfection personnelle

Le mot de *perfection* est souvent mal entendu. On l'entend parfois comme désignant un concept appartenant à la philosophie transcendantale, celui de la *totalité* du divers, qui pris en son ensemble <*zusammengenommen*> constitue une chose — mais on entend aussi par ce terme un concept appartenant à la *téléologie* et il s'agit alors de l'harmonie <*Zusammenstimmung*> des propriétés d'une chose en vue d'une *fin*. Au premier sens on pourrait parler de perfection *quantitative* (matérielle), au second sens de perfection *qualitative* (formelle). La première ne peut être qu'une (en effet le tout de ce qui appartient à la chose une est un). Dans une même chose il peut, en revanche, y avoir plusieurs sortes de la seconde et c'est de cette dernière que l'on traite ici proprement.

Quand on dit de la perfection propre à l'homme en général (à proprement parler à l'humanité) que s'en faire une fin est aussi en soi-même un devoir, on doit penser à la perfection qui peut être l'*effet* de l'acte de l'homme et non à ce qui n'est qu'un don que l'homme doit à la nature ; car autrement elle ne serait pas un devoir. Elle ne peut donc être autre chose que la *culture* des *facultés* de l'homme (ou de ses dispositions naturelles) au premier rang desquelles il faut placer *l'entendement*, comme faculté des concepts, y compris aussi par conséquent des concepts relatifs au devoir, ainsi en même temps que la *volonté* (manière de penser morale) de satisfaire tous les devoirs en général. 1. C'est pour l'homme un devoir que de travailler à se dépouiller de la grossièreté de sa nature, que de s'élever toujours davantage de l'animalité *(quoad actum)* jusqu'à l'humanité par laquelle seule il est capable de se proposer des fins ; de combler son ignorance par l'instruction et de corriger ses erreurs — et cela ne lui est

pas seulement *conseillé* par la raison techniquement pratique
en vue de ses autres projets (ceux de l'art), mais lui est encore
absolument *ordonné* par la raison moralement pratique, qui lui
fait de cette fin un devoir afin qu'il soit digne de l'humanité qui
l'habite. 2. C'est pour l'homme un devoir que de pousser la culture de sa *volonté* jusqu'à la plus vertueuse intention, jusqu'au
point où la *loi* devient aussi le mobile de son action conforme au
devoir et que d'obéir à la loi par devoir, ce qui constitue la perfection intérieure moralement pratique. Celle-ci étant le sentiment de l'effet que la volonté législatrice exerce dans l'homme
même sur sa faculté d'agir conformément à la loi, s'appelle le
sens moral [a], qui, pour ainsi dire, est un *sens* spécial *(sensus
moralis)*, dont on abuse souvent de manière enthousiaste, comme
si (comparable au génie de Socrate) il précédait la raison ou
pouvait aussi écarter son jugement, mais qui toutefois constitue une perfection morale qui consiste à s'approprier toute fin
particulière qui est en même temps un devoir.

B

Le bonheur d'autrui

La nature humaine ne saurait faire autrement que souhaiter
et rechercher le bonheur, c'est-à-dire le contentement de l'état
où l'on se trouve accompagné de la certitude qu'il est durable ;
pour cette raison précisément il ne s'agit pas d'une fin qui soit
en même temps un devoir. — Certains voulant encore établir
une différence entre un bonheur moral et un bonheur physique
(le premier consistant dans le contentement qui intéresse notre
personne et sa conduite morale, c'est-à-dire ce que l'on *fait*,
tandis que le second consiste dans le contentement de ce dont
la nature nous fait don, par conséquent de ce dont l'on *jouit*
comme d'un don étranger), il faut remarquer ici, sans même
relever l'abus de l'expression (qui comprend déjà une contradiction), que seule la première espèce de contentement <*die
erstere Art zu empfinden*> relève du titre précédent, je veux
dire de la perfection. — En effet, celui qui doit se sentir heureux de par la seule conscience de son honnêteté, possède déjà

---

a. 1re éd. : le sentiment moral.

cette perfection, qui dans le titre précédent a été définie comme la fin, qui est en même temps un devoir.

S'il s'agit de bonheur, d'un bonheur auquel ce doit être pour moi un devoir de travailler comme à ma fin, il ne peut s'agir que du bonheur *d'autres* hommes, dont je considère la fin (légitime), comme étant *ma fin.* C'est à eux-mêmes que reste le soin de juger ce qui est propre à les rendre heureux ; mais, à moins qu'ils n'aient le droit de l'exiger de moi comme étant leur dû, il m'est possible de leur refuser beaucoup de choses, qu'*ils* considèrent comme liées à leur bonheur et que je ne juge pas telles. Il y a une objection sans solidité, mais souvent mise en avant contre la précédente division des devoirs (n° IV) qui a besoin d'être relevée et qui consiste à opposer à cette fin une prétendue *obligation* de cultiver mon *propre* bonheur (physique) et à faire de cette mienne fin naturelle et simplement subjective un devoir.

L'adversité, la douleur, la pauvreté sont de grandes tentations menant l'homme à violer son devoir. L'aisance, la force, la santé et la prospérité en général, qui s'opposent à cette influence, peuvent donc aussi, semble-t-il, être considérées comme des fins qui sont en même temps des devoirs, je veux dire celui de travailler à *son propre* bonheur et de ne pas s'appliquer seulement à celui d'autrui. — Mais alors ce n'est pas le bonheur qui est la fin, mais la moralité du sujet et le bonheur n'est que le moyen *légitime* d'écarter les obstacles qui s'opposent à cette fin, aussi personne n'a ainsi le droit d'exiger de moi le sacrifice de mes fins qui ne sont pas immorales. Ce n'est pas directement un devoir que de chercher pour elle-même l'aisance, mais indirectement ce peut bien en être un, à savoir écarter la misère comme étant une forte tentation à mal agir. Mais alors ce n'est pas de mon bonheur, mais de ma moralité que j'ai comme fin et aussi comme devoir de conserver l'intégrité.

VI

L'éthique ne donne pas de lois pour les actions (car c'est là ce que fait la doctrine du droit), mais seulement pour les maximes des actions

Le concept du devoir est immédiatement en relation à une *loi* (même si je fais abstraction de toute fin en tant que matière de cette loi), comme l'indique déjà le principe formel du devoir dans l'impératif catégorique : « Agis de telle sorte que la maxime de ton action puisse devenir une *loi* universelle » ; mais dans l'éthique cette loi est pensée comme la loi de *ta* propre *volonté*, et non comme celle de la volonté en général, qui pourrait aussi être la volonté des autres ; dans ce cas on aurait un devoir de droit qui n'appartient pas au domaine <*Feld*> de l'éthique. — Les maximes sont ici considérées comme des principes subjectifs tels qu'ils ne fassent que se *qualifier* pour former une législation universelle ; et ce n'est là qu'un principe négatif (celui qui consiste à ne pas s'opposer à une loi en général). — Mais alors comment peut-il encore y avoir une loi pour les maximes des actions ?

Le concept d'une *fin*, qui est en même temps devoir, et qui appartient proprement à l'éthique, est le seul qui fonde une loi pour les maximes des actions, puisque la fin subjective (que chacun poursuit) est subordonnée à la fin objective (que chacun doit se proposer). L'impératif : « Tu dois prendre pour fin ceci ou cela (par exemple le bonheur d'autrui) », concerne la matière du libre-arbitre (c'est-à-dire un objet). Or comme il n'est pas d'action libre possible sans que l'agent ne vise en même temps une fin (comme matière du libre-arbitre), il faut, s'il y a une fin, qui soit en même temps un devoir, que les maximes des actions, elles-mêmes considérées comme les moyens de certaines fins, ne soient soumises qu'à la condition d'être qualifiées pour former une législation universelle possible ; moyennant quoi la fin qui est en même temps un devoir peut nous faire une loi d'avoir une telle maxime, tandis que pour les maximes elles-mêmes la simple possibilité de convenir à une législation universelle est déjà suffisante.

En effet les maximes des actions peuvent être *arbitraires* et sont soumises à la seule condition restrictive de convenir à une législation universelle, en tant que principe formel des actions. Or une *loi* supprime ce qui est arbitraire dans les actions et se distingue en ceci de toute *recommandation* (où l'on ne fait qu'indiquer les moyens les plus propres pour une fin).

VII

Les devoirs éthiques sont d'obligation large, tandis que les devoirs de droit sont d'obligation stricte

Cette proposition est une conséquence de la précédente. En effet si la loi ne peut ordonner que la maxime des actions et non les actions elles-mêmes, c'est signe qu'elle laisse en ce qui concerne l'exécution (l'observance) une certaine latitude *(latitudo)* au libre-arbitre, en d'autres termes elle ne peut indiquer d'une manière précise comment et jusqu'à quel point il faut agir afin d'atteindre la fin qui est un devoir. — On n'entend point, d'ailleurs, par devoir large la permission de faire abstraction des maximes des actions, mais seulement la limitation d'une maxime d'un devoir par une autre maxime (par exemple l'amour général du prochain par l'amour des parents), et ce faisant le champ pour la pratique de la vertu se trouve élargi. — Plus le devoir est large, plus l'obligation d'agir pour l'homme est imparfaite ; mais aussi plus l'homme rapproche (dans son intention) la maxime de l'observation du devoir large de celle du devoir *strict* (le droit), plus sa conduite vertueuse est parfaite.

Les devoirs imparfaits sont donc seulement des *devoirs de vertu*. L'accomplissement de ces devoirs est le *mérite (meritum)* = + A ; la transgression de ces devoirs n'est pas encore le *démérite (demeritum)* = — A, mais simplement l'*absence de valeur morale* = O, sauf dans le cas où ce serait pour le sujet un principe de ne pas se plier à ces devoirs. La force de la résolution dans le mérite s'appelle seule à proprement parler *vertu (virtus)* ; la faiblesse dans le démérite est moins *vice (vitium)* qu'*absence de vertu*, manque de force morale *(defectus moralis)*. (Comme le mot allemand *Tugend (virtus)* vient de *taugen* (verbe qui signifie être bon à, valoir, convenir, etc.), le mot *Untu-gend* suivant l'étymologie vient de *zu nichts taugen* (n'être bon à rien)). Toute action contraire au devoir est *transgression (peccatum)*. La transgression résolue, devenue un principe, constitue proprement ce que l'on nomme *vice (vitium)*.

Bien que la conformité des actions au droit (le fait d'être un homme intègre) ne soit pas quelque chose de méritoire, toutefois la conformité des maximes de telles actions, en tant que devoirs, au droit, c'est-à-dire le RESPECT pour le droit est quelque chose de *méritoire*. En effet, ce faisant, l'homme se *propose comme fin* le droit de l'humanité ou des hommes et élargit ainsi son concept du devoir par-delà celui de son obligation juridique *<Schuldigkeit>* *(officium debiti)* ; car un autre selon son droit peut bien exiger de moi des actions conformes à la loi, il ne peut exiger que la loi soit pour moi le mobile de ces actions. Il en est de même du commandement universel éthique : « Agis par devoir conformément au devoir ». Fonder en soi-même et conserver vivante cette intention est une chose *méritoire* comme la précédente, car elle dépasse la loi morale *<das Pflichtgesetz>* des actions et fait de la loi en elle-même en même temps un mobile.

On peut pour la même raison compter ces devoirs parmi les devoirs d'obligation large auxquels on donne, afin, il est vrai, de les rapprocher autant que possible du concept d'une obligation stricte en en faisant une disposition à agir suivant les lois de la vertu, un principe subjectif de leur *récompense* morale, je veux dire ce plaisir moral, qui dépasse le simple contentement de soi-même (qui peut n'être que simplement négatif) et que l'on vante en disant qu'en la conscience la vertu est son propre prix.

Lorsque ce mérite est un mérite vis-à-vis d'autres hommes qui consiste à réaliser leurs fins naturelles et reconnues comme telles par tous (faire de leur bonheur notre bonheur), on pourrait alors parler de *doux mérite* ; la conscience de celui-ci procure une jouissance morale dont les hommes partageant la joie d'autrui *<durch Mitfreunde>* ont tendance à s'*enivrer* ; en revanche le *dur mérite*, qui consiste à réaliser le vrai bien d'autres hommes, même s'ils ne le reconnaissent pas comme tel (donc des ingrats), n'a pas ordinairement un tel contre-coup et suscite uniquement le *contentement* de soi-même, qui est, il est vrai, plus considérable en ce cas.

VIII

Exposition des devoirs de vertu comme devoirs larges

1. De la perfection personnelle comme fin et en même temps devoir

a) [*La perfection personnelle*] *physique*, c'est-à-dire la *culture* de toutes les *facultés* en général en vue de réaliser les fins proposées par la raison. On peut voir immédiatement que ceci est un devoir et par conséquent aussi une fin en soi et que ce n'est pas un impératif conditionnel (pragmatique), mais un impératif inconditionnel (moral) qui est au principe de ce travail, que l'on doit réaliser sans tenir compte de l'avantage qu'il peut nous procurer. La faculté de se proposer en général une fin quelconque est le caractère spécifique de l'humanité (caractère qui la sépare de l'animalité). Dans notre propre personne donc à la fin de l'humanité se trouve liée aussi la volonté de la raison <*Vernunftwille*>, c'est-à-dire par conséquent le devoir de se rendre digne de l'humanité par la culture en général, d'acquérir ou de développer la *faculté* supposée par la réalisation de toutes sortes de fins possibles, dans la mesure où cette faculté peut être propre à l'homme ; en d'autres termes c'est un devoir de cultiver les dispositions brutes de notre nature et c'est par là seulement que l'animal s'élève à l'humanité : par conséquent il s'agit d'un devoir absolu <*Pflicht an sich selbst*>.

Mais ce devoir est simplement éthique, c'est-à-dire d'obligation large. Aucun principe rationnel n'indique avec précision *jusqu'à quel point* on doit pousser la culture <*Bearbeitung*> (le développement ou l'instruction de l'entendement, c'est-à-dire en matière de connaissance ou d'art) ; de même la différence des situations en lesquelles peuvent se trouver les hommes rend très arbitraire le choix du genre d'occupations auxquelles ils peuvent consacrer leur talent. — Il n'y a donc pas ici de loi de la raison pour les actions, mais seulement une loi pour les maximes des actions, qui s'énonce ainsi : « Cultive tes facultés mentales et corporelles pour les rendre aptes à toutes les fins qui peuvent se présenter à toi, ignorant quelles seront celles qui seront les tiennes. »

b) *Culture de la moralité* en nous. La plus grande perfection morale de l'homme consiste à faire son devoir et à le faire *par devoir* (en ce que la loi ne soit pas simplement la règle, mais encore le mobile des actions). — Or il semble, à première vue, que ce soit là une obligation *stricte* et que le principe du devoir commande pour chaque action avec la précision et la rigueur d'une loi non pas seulement la *légalité*, mais encore la *moralité*, c'est-à-dire l'intention ; mais en réalité la loi commande seulement ici de chercher la *maxime de l'action*, c'est-à-dire le fondement de l'obligation, dans la loi elle-même uniquement et non dans les mobiles sensibles (avantages ou inconvénients) — et par conséquent la loi ne commande pas l'*action elle-même*. — En effet il n'est pas possible à l'homme de regarder assez loin dans les profondeurs de son propre cœur pour qu'il puisse jamais, ne serait-ce que pour *une seule* action, être parfaitement sûr de la pureté de sa disposition morale et de la sincérité de son intention, alors même qu'il n'aurait aucun doute sur la légalité de son action. Souvent la faiblesse, qui ôte à l'homme l'audace du crime, a été prise par le même homme pour de la vertu (alors que la vertu est liée à l'idée de force) et combien sont-ils qui ont pu vivre une longue vie sans faute et qui ont seulement eu le *bonheur* d'échapper à nombre de tentations et auxquels reste même caché quelle était la pure teneur morale de l'intention en chaque action !

Ainsi le devoir d'estimer la valeur de ses actions non pas simplement d'après la légalité, mais aussi d'après la moralité (intention), n'est donc aussi que d'obligation *large* ; la loi ne commande pas cette action intérieure à l'âme humaine elle-même <*diese innere Handlung im menschlichen Gemüt selbst*>, mais simplement la maxime de l'action, de travailler de tout notre pouvoir à ce que pour toutes les actions conformes au devoir l'idée du devoir considérée en elle-même soit un mobile suffisant.

2. *Du bonheur d'autrui comme fin et en même temps devoir*

a) *Le bien-être physique.* La *bienveillance* peut être sans limites ; en effet elle ne doit pas [toujours] se traduire en acte. Lorsqu'il s'agit de *bienfaisance*, surtout lorsqu'elle ne doit pas être pratiquée par inclination (amour) pour d'autres, mais par devoir, en sacrifiant et en mortifiant beaucoup notre concupiscence, il y a bien plus de difficultés. — Que cette bienfaisance soit un devoir, c'est ce que l'on peut conclure du fait que l'amour de soi ne peut être séparé du besoin d'être aussi aimé par d'autres (et d'en être aidé dans le danger) et que nous faisons ainsi de nous-mêmes une fin pour les autres, de telle sorte que cette maxime ne pouvant jamais avoir force d'obligation qu'en recevant la qualité qui la rend propre pour former une loi universelle, donc par la volonté de faire aussi des autres une fin pour nous, le bonheur d'autrui est une fin, qui est en même temps un devoir.

Or puisque je dois sacrifier une partie de mon bien-être à d'autres sans espérer de compensation parce que cela est un devoir, il est impossible de déterminer avec précision les limites jusqu'auxquelles je dois faire ce sacrifice. Il est en ceci très important de savoir ce qui est véritablement un besoin pour chacun d'après sa manière de sentir et il faut laisser à chacun le soin de le déterminer. En effet le sacrifice de son propre bonheur et de ses vrais besoins pour réaliser le bonheur d'autrui et satisfaire ses besoins serait une maxime contradictoire en elle-même si on voulait l'ériger en loi universelle. — Ainsi ce devoir n'est qu'un devoir *large* ; il nous laisse la latitude de faire plus ou moins sans qu'il soit possible d'indiquer des limites précises. — La loi vaut seulement pour les maximes et non pour les actions particulières.

b) *Le bien-être moral* des autres *(salus moralis)* rentre aussi dans le bonheur d'autrui que nous avons le devoir, mais seulement négatif, de réaliser. Bien que morale dans son origine la douleur que l'homme éprouve, lorsque sa conscience l'accuse, est physique en son effet, comme le chagrin, la peur ou tout autre état maladif. Ce n'est vraiment pas *mon* devoir d'empêcher quelqu'un d'être atteint par ce reproche intérieur lorsqu'il est mérité : c'est *son* affaire ; mais c'est bien mon devoir que de ne rien faire qui, étant donné la nature humaine, puisse être pour lui une tentation à des choses que sa conscience lui reprochera ensuite, c'est-à-dire que je ne dois lui donner aucun *scandale*. — Mais il n'existe pas de limites précises où puisse être contenu le soin que nous devons avoir de la satisfaction morale d'autrui ; c'est pourquoi seule une obligation large repose sur ceci.

IX

Qu'est-ce qu'un devoir de vertu ?

La *vertu* est la force des maximes de l'homme dans l'accomplissement de son devoir. — Toute force n'est reconnue que par les obstacles qu'elle peut vaincre ; dans le cas de la vertu ces obstacles sont les penchants naturels qui peuvent entrer en conflit avec la résolution éthique et, puisque c'est l'homme lui-même qui oppose ces obstacles à ses maximes, la vertu n'est pas seulement une contrainte personnelle (car on pourrait alors chercher à vaincre un penchant naturel par un autre), mais encore une contrainte suivant un principe de liberté intérieure, par conséquent suivant la simple représentation de son devoir d'après la loi formelle de celui-ci.

Tous les devoirs enveloppent le concept d'une *contrainte* par la loi ; mais la contrainte impliquée par les devoirs *éthiques* ne peut être liée qu'à une législation intérieure, tandis que celle impliquée par les devoirs de *droit* peut être liée à une législation extérieure. Il y a donc dans les deux cas l'idée d'une contrainte, qu'il s'agisse d'une contrainte personnelle ou d'une contrainte par autrui. Aussi peut-on nommer vertu la faculté morale d'exercer une contrainte sur soi, et action morale (éthique) l'action qui résulte d'une telle intention (du respect pour la loi), même si la loi exprime un devoir de droit. C'est en effet la *doctrine de la vertu* qui commande de tenir pour sacré le droit des hommes.

Mais ce qu'il y a de la vertu à faire n'est pas encore pour cela un *devoir de vertu* à proprement parler. Cela peut concerner simplement *la forme (das Formale)* des maximes, tandis que le devoir de vertu porte sur la matière des maximes, c'est-à-dire sur une *fin* qui est en même temps pensée comme devoir. — Puisque l'obligation éthique qui intéresse des fins, qui peuvent être en assez grand nombre, n'est qu'une obligation *large*, comme elle n'enveloppe qu'une loi pour les *maximes* des actions et que la fin est la matière (l'objet) du libre-arbitre, il y a donc une pluralité de devoirs, distincts comme sont distinctes les fins légitimes, et qu'on nomme *devoir de vertu (officia honestatis)* parce qu'ils ne sont soumis qu'à la libre contrainte personnelle et non à la contrainte d'un autre homme et qu'ils déterminent la fin qui est en même temps un devoir.

La vertu comme accord de la volonté avec tout devoir fondé dans la ferme intention, est une comme tout ce qui est *formel*. Mais relativement à la fin des actions, *fin* qui est en même temps devoir, c'est-à-dire ce que l'on *doit* se proposer comme *fin* (donc la matière), il peut y avoir plusieurs vertus et puisque l'obligation d'obéir aux maximes qui se rapportent à une fin s'appelle devoir de vertu, il s'ensuit qu'il y a plusieurs devoirs de vertu.

Le principe suprême de la doctrine de la vertu est le suivant : Agis suivant une maxime dont les *fins* soient telles que ce puisse être pour chacun une loi universelle que de se les proposer. — D'après ce principe l'homme est aussi bien pour lui-même que pour les autres fin, et il ne suffit pas qu'il ne soit pas permis d'user de lui-même ni des autres uniquement comme de moyens (car il pourrait alors être indifférent par rapport à eux), mais c'est en soi un devoir pour l'homme de se faire une fin de l'homme en général.

En tant qu'impératif catégorique ce principe de la doctrine de la vertu ne donne lieu à aucune preuve, mais bien à une déduction à partir de la raison pure pratique. — Ce qui dans le rapport de l'homme à lui-même et aux autres *peut* être une fin *est* une fin pour la raison pure pratique, car elle est une faculté des fins en général ; et elle ne saurait sans contradiction être indifférente en ce qui les concerne, c'est-à-dire n'y prendre aucun intérêt, car elle ne déterminerait plus aussi les maximes des actions (lesquelles enveloppent toujours une fin) et par conséquent elle ne serait plus une raison pratique. Mais la pure raison ne peut imposer *a priori* aucune fin sans l'annoncer en même temps comme devoir, et ce devoir se nomme alors devoir de vertu.

X

Le principe suprême de la doctrine du droit était analytique ; celui de la doctrine de la vertu est synthétique

Que la contrainte externe, comme étant une résistance aux obstacles qui s'opposent à la liberté externe comprise comme s'accordant avec elle-même d'après des lois universelles (donc comme un obstacle opposé aux obstacles de la liberté), puisse s'accorder avec des fins en général, c'est là ce qui est clair d'après le principe de contradiction et pour l'apercevoir il m'est inutile de sortir du concept de liberté ; chacun pourra donc se fixer la fin qu'il veut. — Ainsi le *principe* suprême du *droit* est un principe analytique.

En revanche le principe de la doctrine de la vertu dépasse le concept de la liberté externe et lie celui-ci de plus, en suivant des lois universelles à une *fin*, dont il fait un *devoir*. Ce principe est donc synthétique. — Sa possibilité est contenue dans la déduction (§ IX).

Cet élargissement du concept du devoir par-delà le concept de la liberté externe et la limitation de celle-ci par la seule [condition] formelle de son accord intégral avec elle-même, cet élargissement où la liberté *interne*, la faculté de se contraindre personnellement, non pas simplement au moyen d'autres penchants, mais par la raison pure pratique (qui écarte toutes les médiations de ce genre), se substitue à la contrainte externe consiste — et c'est en cela qu'elle s'élève au-dessus du devoir de droit — à proposer des *fins*, dont le droit fait en général abstraction. — Dans l'impératif moral et dans la nécessaire présupposition de la liberté qui y est liée la *loi*, la *faculté* (de l'exécuter) et la *volonté* déterminant les maximes, constituent tous les éléments qui composent le concept du devoir de droit. Mais dans l'impératif, qui commande le *devoir de vertu* on voit s'ajouter au concept d'une contrainte personnelle celui d'une fin que nous n'avons pas, mais que nous devons avoir, et qui est ainsi comprise dans la raison pure pratique, dont la fin inconditionnée (qui est cependant toujours un devoir) consiste en ce que la vertu soit pour elle-même sa propre fin et qu'elle trouve sa récompense propre dans le mérite qu'elle acquiert auprès des hommes. Aussi bien, en tant qu'Idéal, la vertu brille d'un tel éclat qu'elle semble pour une vue humaine des choses repousser dans l'ombre la *sainteté* elle-même, qui consiste à n'être jamais induit en tentation[1] ; mais c'est là une illusion,

---

1. Si bien que l'on pourrait varier ainsi les deux vers biens connus de Haller :

« L'homme avec ses défauts

« Est supérieur à la foule des anges privés de volonté.

car puisque pour mesurer le degré d'une force nous ne disposons pas d'une autre mesure que la grandeur des obstacles qui peuvent être surmontés (et en nous ce sont les penchants), nous sommes amenés à prendre les conditions *subjectives* de l'évaluation d'une grandeur pour les conditions *objectives* de la grandeur en elle-même. Mais si on la compare avec les *fins humaines,* qui toutes ont des obstacles à combattre, il est vrai de dire que la valeur de la vertu, en tant qu'elle est à elle-même sa propre fin, surpasse de beaucoup celle de toute l'utilité, de toutes les fins empiriques et de tous les avantages qu'elle peut toujours avoir comme conséquence.

On peut donc très bien dire que l'homme est obligé *à la vertu* (en tant que force morale). Car si l'on peut et si l'on doit, pour parler absolument, *présupposer* en l'homme la faculté *(facultas)* de vaincre par sa liberté tous les penchants sensibles qui s'y opposent, toutefois considérée comme *force (robur)* cette faculté est quelque chose qui doit être acquis en fortifiant le *mobile* moral (la représentation de la loi) par la contemplation *(contemplatione)* de la dignité de la pure loi rationnelle en nous, mais en même temps aussi par l'*exercice (exercitio).*

XI

Conformément aux précédents principes le schéma des devoirs de vertu peut être représenté de la manière suivante :

MATIÈRE DES DEVOIRS DE VERTU

<table>
<tr>
<td rowspan="2" style="writing-mode: vertical-rl;">DEVOIRS INTÉRIEURS DE VERTU</td>
<td>

1.

Fin personnelle
qui est en même
temps devoir
pour moi

(ma propre *perfection*)

</td>
<td>

2.

Fin d'autrui
dont la réalisation
est en même temps
pour moi un devoir

(le *bonheur* d'autrui)

</td>
<td rowspan="2" style="writing-mode: vertical-rl;">DEVOIRS EXTÉRIEURS DE VERTU</td>
</tr>
<tr>
<td>

3.

La loi, qui est en
même temps un
mobile

Sur quoi repose
la moralité

</td>
<td>

4.

La fin, qui est en
même temps un
mobile

Sur quoi repose
la légalité

</td>
</tr>
</table>

de toute libre détermination de la volonté

FORME DES DEVOIRS DE VERTU

XII

Prénotions esthétiques caractérisant la réceptivité de l'âme aux concepts du devoir en général

Il existe des qualités morales telles que, quand on ne les possède pas, il ne peut pas non plus y avoir de devoir qui oblige à les acquérir. — Ce sont le *sentiment moral*, la *conscience,* l'*amour du prochain* et le *respect* pour soi-même *(estime de soi).* On n'est point obligé de posséder ces qualités, car ce sont des conditions *subjectives* de la réceptivité pour le concept du devoir et elles ne se trouvent pas au fondement comme conditions *objectives* de la moralité. Elles sont toutes des prédispositions de l'âme *(praedispositio) esthétiques*, mais naturelles, à être affectée par les concepts du devoir. On ne peut considérer comme un devoir de posséder ces dispositions, mais tout homme les a et grâce à elles il peut être obligé. — La conscience de ces dispositions n'est pas d'origine empirique ; elle ne peut être que la conséquence de la seule loi morale, en tant qu'effet de cette dernière sur l'âme.

a

Le sentiment moral

Ce sentiment est la faculté de ressentir du plaisir ou de la peine uniquement à partir de la conscience de l'accord ou de l'opposition de notre action à la loi du devoir. Or toute détermination du libre-arbitre va de la représentation *de* l'action possible *jusqu'à* l'action par le sentiment de plaisir ou de peine qui consiste à prendre un intérêt à cette action ou à son effet ; et alors l'état *esthétique* (l'affection du sens interne) est ou bien un *sentiment pathologique* ou bien un *sentiment moral*. — Le premier est le sentiment qui précède la représentation de la loi ; le second ne peut en être que la conséquence.

Or posséder un sentiment moral ou l'acquérir, c'est là ce qui ne peut pas être un devoir ; en effet toute conscience de l'obligation suppose comme fondement ce sentiment, grâce auquel on peut prendre conscience de la contrainte présente dans le concept de devoir ; aussi bien tout homme (en tant qu'être moral) possède en lui-même originairement ce sentiment moral ; l'obligation peut uniquement consister à *cultiver* ce sentiment et même à le fortifier en admirant son origine insondable ; et c'est ce que l'on fait en montrant comment, séparé de tout attrait pathologique et pris en sa pureté, ce sentiment est au plus haut degré suscité par une simple représentation rationnelle.

Il n'est pas judicieux d'appeler ce sentiment un *sens* moral ; en effet on entend généralement par le mot sens une faculté théorique de perception rapportée à un objet : or tout au contraire le sentiment moral (comme le plaisir et la peine en général) est quelque chose de simplement subjectif, qui ne procure aucune connaissance. — Il n'est pas d'homme dépourvu de tout sentiment moral ; si une personne manquait entièrement de réceptivité pour cette sensation elle serait moralement parlant morte, et si (pour tenir le langage des médecins) la force vitale morale ne pouvait plus exercer aucune excitation sur ce sentiment, alors l'humanité devrait se dissoudre (en quelque sorte suivant des lois chimiques) dans la simple animalité et se confondre sans retour avec la masse des autres êtres de la nature. — Mais, bien que l'on s'exprime souvent de cette manière, nous n'avons pas plus pour le bien et le mal (moral) un *sens* particulier que nous n'en avons pour la *vérité* ; nous avons seulement la *capacité* d'êtres mûs dans notre libre-arbitre par la raison pure pratique (et sa loi), et c'est cela que nous appelons sentiment moral.

b

De la conscience

La conscience tout de même n'est pas chose qui puisse être acquise et il n'est pas de devoir qui ordonne de l'acquérir ; mais comme être moral tout homme possède originairement une telle conscience en lui. Être obligé d'avoir une conscience signifierait : avoir le devoir de reconnaître des devoirs. En effet la conscience est la raison pratique représentant à l'homme son devoir pour l'acquitter ou le condamner en chacun des cas où s'applique la loi. La conscience ne se rapporte donc pas à un objet, mais simplement au sujet (affectant par son acte le sentiment moral) et ainsi c'est un fait inéluctable, ce n'est ni une obligation, ni un devoir. Quand l'on dit donc : cet homme *n'a* pas de conscience, on veut dire qu'il ne se soucie pas de ce que lui dit sa conscience. Et en effet s'il n'avait pour de bon aucune conscience il ne pourrait s'attribuer aucune action conforme au devoir, ni s'en reprocher une comme contraire au devoir et par conséquent aussi il ne pourrait concevoir le devoir d'avoir une conscience.

Je laisserai de côté les nombreuses divisions de la conscience et je remarquerai seulement, ce qui découle de ce qui a été exposé, à savoir qu'une conscience *qui se trompe* est un nonsens. Certes on peut parfois se tromper dans un jugement objectif où il faut décider si quelque chose est ou non un devoir ; mais à un point de vue subjectif, où il s'agit de savoir si j'ai rapproché cette chose de ma raison pratique (qui ici est le juge) pour porter mon jugement, je ne peux pas me tromper, puisqu'autrement je n'aurais même pas jugé pratiquement, auquel cas il n'y aurait place ni pour l'erreur, ni pour la vérité. L'inconscience <*Gewissenlosigkeit*> n'est pas manque de conscience, mais un penchant à ne point se soucier du jugement de la conscience. Lorsqu'une personne estime en elle-même qu'elle a agi selon sa conscience on ne peut, en ce qui concerne la culpabilité ou l'innocence, rien exiger de plus d'elle. C'est à elle seule qu'il appartient d'éclairer son *entendement* sur ce qui est ou n'est pas un devoir ; mais dès qu'elle vient ou en est venue à l'action la conscience parle involontairement et inévitablement. Agir selon sa conscience ne peut donc pas même être un devoir ; sinon il faudrait une seconde conscience pour devenir conscient de l'acte de la première.

devoir consiste en ceci uniquement : cultiver sa conscience, aiguiser l'attention donnée à la voix du juge intérieur et mettre en œuvre tous les moyens (ce qui par conséquent n'est qu'un devoir indirect) pour l'écouter.

c

De l'amour des hommes

L'*amour* est une affaire de *sentiment* et non de *volonté*, et je ne peux aimer parce que je le *veux*, encore moins parce que je le *dois* (être mis dans la nécessité d'aimer) ; il s'ensuit qu'un *devoir d'aimer* est un non-sens. Mais en tant qu'acte la *bienveillance (amor benevolentiae)* peut être soumise à la loi du devoir. On appelle souvent (mais fort mal à propos) *amour* une bienveillance désintéressée envers les hommes ; et même, là où il ne s'agit plus du bonheur d'autrui, mais de l'abandon libre et total de toutes ses fins pour les fins d'un autre être (même d'un être surhumain), on parle d'un amour, qui pour nous est en même temps un devoir. Toutefois, même s'il devait s'agir d'une contrainte personnelle suivant une loi, tout devoir est cependant une nécessité, une *contrainte*. Or ce que l'on fait par contrainte, on ne le fait pas par amour.

Être *bienfaisant* envers d'autres hommes dans la mesure où nous le pouvons, c'est là un devoir, qu'on les aime ou non, et ce devoir ne perdrait rien de son importance, même si l'on devait faire cette triste remarque que notre espèce, lorsqu'on la connaît de plus près, n'est, hélas !, guère propre à être jugée particulièrement digne d'amour. — Mais la *misanthropie* est toujours *haïssable*, même si sans comprendre le moindre acte d'hostilité elle consiste simplement à se détourner entièrement des hommes (misanthropie consistant en la séparation). Car la bienveillance demeure toujours un devoir, même à l'égard du misanthrope, qu'on ne saurait certes aimer, mais auquel on peut toutefois faire quelque bien.

Ce n'est ni un devoir ni une chose contraire au devoir que de haïr le vice en l'homme ; c'est un simple sentiment d'aversion qu'il suscite, sans que la volonté influe sur ce sentiment ou inversement que ce sentiment influe sur la volonté. Mais la *bienfaisance* est un devoir. Celui qui la pratique souvent et dont les desseins bienfaisants connaissent une heureuse issue, en vient à aimer pour de bon celui auquel il a fait du bien. Aussi bien lorsque l'on dit : Tu *aimeras* ton prochain comme toi-même, cela ne signifie pas : tu dois l'aimer immédiatement (c'est-à-dire d'abord) et grâce à cet amour (donc : ensuite) lui faire du bien, mais : *fais du bien* à ton prochain et cette bienfaisance éveillera en toi l'amour des hommes (comme habitude du penchant à la bienfaisance en général) !

Autrement l'amour de *complaisance* <*Wohlgefallen*> *(amor complacentiae)* serait seul direct. Or avoir pour devoir cet amour (comme un plaisir immédiatement lié à la représentation de l'existence d'un objet), c'est-à-dire être contraint au plaisir, c'est là une contradiction.

d

Du respect

Le respect *(reverentia)* est aussi bien quelque chose de simplement subjectif ; c'est un sentiment *sui generis*, ce n'est pas un jugement sur un objet qu'il serait de notre devoir de réaliser ou de favoriser. En effet, considéré comme devoir, il ne pourrait être représenté que par le *respect* que nous aurions pour lui. Avoir un devoir envers le respect signifierait donc faire du devoir lui-même un devoir. — C'est pourquoi en disant que l'homme a pour *devoir de s'estimer lui-même*, on s'exprime improprement et l'on devrait bien plutôt dire que la loi qui est en lui lui arrache inévitablement du *respect* pour son propre être, et ce sentiment (qui est *sui generis*) est le fondement de certains devoirs, c'est-à-dire de certaines actions, qui peuvent s'accorder avec le devoir envers soi-même. Mais l'on ne peut dire que l'homme *possède* un devoir de respect envers lui-même, car afin de pouvoir seulement concevoir un devoir en général, il doit déjà avoir du respect pour la loi qui est en lui.

XIII

Principes généraux de la métaphysique des mœurs qui doivent être suivis dans l'élaboration d'une doctrine pure de la vertu

En premier lieu : Il ne peut y avoir pour un devoir qu'un *seul* principe d'obligation et si l'on présente deux ou même plusieurs preuves, c'est un signe certain que l'on n'a pas encore une preuve suffisante, ou bien que l'on prend pour un seul et même devoir plusieurs devoirs différents.

En effet toutes les preuves morales, en tant que preuves philosophiques, ne peuvent être données qu'au moyen d'une connaissance rationnelle procédant *à partir de concepts* à la différence des preuves mathématiques qui sont données par la construction des concepts ; les mathématiques admettent plusieurs preuves pour une seule et même proposition, parce qu'il peut y avoir dans l'*intuition a priori* plusieurs déterminations de la structure d'un objet, qui toutes reviennent au même principe. — Si par exemple on apporte comme preuve pour le devoir de véracité premièrement une preuve fondée sur le *dommage* que le mensonge occasionne aux autres hommes, et secondement une preuve fondée sur l'*indignité* du menteur et sur l'atteinte portée au respect que l'homme se doit, alors la première preuve concerne un devoir de bienveillance et non un devoir de véracité et ce n'est pas le devoir, dont on exigeait la preuve, mais un autre devoir qui a été prouvé. — Si alléguant plusieurs preuves pour une seule et même proposition on se flatte de compenser par le nombre des raisons le manque de poids de chacune d'elles, c'est un expédient bien peu philosophique qui révèle un manque de loyauté et de franchise ; — c'est que *juxtaposées* des raisons distinctes et insuffisantes ne se compléteront pas en sorte que les unes donnent aux autres ce qui leur manque en certitude, ou même en vraisemblance. Il faut que les raisons, s'enchaînant comme principe et conséquence dans *une seule série, fondent un progrès* jusqu'à la raison suffisante et c'est de cette manière seulement qu'elles peuvent être démonstratives. — Et cependant voilà quel est le procédé ordinaire de l'art oratoire.

En second lieu : Ce n'est pas dans le *degré* suivant lequel on observe certaines maximes, mais c'est seulement dans la *qualité* spécifique de ces maximes (dans leur rapport à la loi) que l'on doit chercher la différence entre la vertu et le vice ; en d'autres termes le célèbre principe (d'Aristote) que la vertu consiste dans le juste *milieu* entre deux vices est faux[1]. Soit donc une bonne économie domestique, par exemple, comme le *milieu* entre deux vices : la prodigalité et l'avarice : son origine comme vertu ne peut être ni la progressive diminution du premier de ces deux vices (épargne), ni l'augmentation des dépenses limitées par le second, comme si partant de directions opposées pour ainsi dire ces deux vices devaient se rencontrer dans la bonne économie ; au contraire chacun d'eux a sa propre maxime, qui contredit nécessairement celle de l'autre.

Pour la même raison il est tout aussi peu possible de définir quelque vice que ce soit comme une pratique plus *étendue* de certaines actions qu'il ne convient (*e.g. prodigalitas est excessus in consumendis opibus*), ou comme une pratique de ces actions moins étendue qu'il ne convient (*e.g. avaritia est defectus, etc.*). Car puisque, ce faisant, on ne détermine aucunement le *degré*, et que cependant c'est de cela que tout dépend dans la question de savoir si la conduite est ou non conforme au devoir, on voit que ceci ne saurait servir de principe de définition.

En troisième lieu : Les devoirs éthiques ne doivent pas être estimés d'après le pouvoir dévolu à l'homme de satisfaire la loi, mais tout à l'inverse c'est d'après la loi qui commande catégori-

---

1. Les formules ordinaires et classiques dans la terminologie morale : *medio tutissimus ibis ; omne nimium vertitur in vitium ; est modus in rebus, etc. ; medium tenuere beati ; insani sapiens nomen habeat, etc.*, sont le fait d'une sagesse insipide, qui n'a aucun principe déterminé ; car qui m'indiquera ce milieu entre deux extrêmes ? L'*avarice* (comme vice) ne se distingue pas de l'économie (comme vertu), parce qu'elle ne serait qu'une économie *trop loin* poussée, mais parce qu'elle a un *tout autre principe* (ou maxime), qui est de placer la fin de l'économie domestique non dans la *jouissance* de son bien, mais dans la *possession* de celui-ci, à l'exclusion de toute jouissance ; tout de même le vice de *prodigalité* ne consiste pas dans une jouissance de son bien dépassant la mesure, mais doit être recherché dans la mauvaise maxime qui fait de l'usage du bien la fin unique, sans considération pour la conservation de celui-ci.

quement que ce pouvoir éthique doit être apprécié ; ces devoirs ne doivent donc pas être appréciés d'après la connaissance empirique des hommes tels qu'ils sont, mais d'après la connaissance rationnelle des hommes tels qu'ils devraient être conformément à l'Idée de l'humanité. Les trois maximes que nous venons d'exposer et qui doivent être suivies dans l'élaboration scientifique d'une doctrine de la vertu sont donc opposées aux anciens apophthegmes :

1. Il n'y a qu'une vertu et il n'y a qu'un seul vice.

2. La vertu consiste à suivre la voie moyenne entre des vices opposés.

3. La vertu (comme la prudence) doit être apprise de l'expérience.

XIV

De la vertu en général

La vertu désigne une force morale de la volonté. Mais cela n'en épuise pas le concept ; car une telle force pourrait aussi être propre à un être *saint* (surhumain), en qui nul penchant contraire ne ferait obstacle à la loi de sa volonté et qui ainsi ferait tout de bon gré conformément à la loi. La vertu est donc la force morale de la volonté d'un *homme* dans l'accomplissement de son *devoir* : et c'est là une *contrainte* morale exercée par sa propre raison législatrice, en tant que celle-ci se constitue elle-même comme une puissance *exécutive* de la loi. — Elle n'est pas elle-même un devoir, ou ce n'est pas un devoir que de la posséder (car autrement il devrait y avoir une obligation au devoir) ; mais elle commande et accompagne son commandement par une contrainte morale (possible d'après les lois de la liberté interne) ; et parce que cette contrainte doit être irrésistible, elle suppose des forces dont nous ne pouvons apprécier le degré que par la grandeur des obstacles que l'homme se crée à lui-même par ses penchants. Les vices, fruits des intentions contraires à la loi, sont les monstres qu'il doit combattre ; c'est pourquoi cette puissance morale, comme *courage (fortitudo moralis)* constitue l'unique et suprême gloire guerrière de l'homme ; on l'appelle aussi la *sagesse* proprement dite, c'est-à-dire la sagesse pratique, parce qu'elle fait de la *fin ultime* <*Endzweck*> de l'existence de l'homme sur la terre sa propre fin. — C'est seulement en sa possession que l'homme est libre, sain, riche, roi, etc. et à l'abri du hasard ou du destin ; c'est qu'il se possède lui-même et que l'homme vertueux ne peut perdre sa vertu.

Tous les éloges de l'Idéal de l'humanité considérée en sa perfection morale ne sauraient perdre si peu que ce soit de leur réalité pratique par le fait des exemples du contraire, montrant ce que les hommes sont actuellement, ce qu'ils ont été, ce qu'ils seront vraisemblablement et l'*anthropologie*, qui se fonde sur de simples connaissances empiriques ne saurait porter la moindre atteinte à l'*anthroponomie* qui est établie par la raison inconditionnellement législative ; et bien (qu'en rapport aux hommes et non à la loi) la vertu puisse être çà et là appelée méritoire et considérée comme digne d'être récompensée, il faut pourtant la considérer comme étant pour elle-même son propre salaire, tout de même qu'elle est pour elle-même sa propre fin.

Considérée en toute sa perfection la vertu n'est pas représentée comme une chose que l'homme possède, mais plutôt comme une chose qui possède l'homme : c'est que dans le premier cas tout se passerait comme si l'homme avait eu le choix (auquel cas il aurait besoin d'une autre vertu pour choisir la vertu par préférence à toute autre marchandise qui s'offrirait à lui). — Concevoir une pluralité de vertus (comme cela est inévitable) n'est pas autre chose que concevoir différents objets moraux auxquels la volonté est conduite par l'unique principe de la vertu ; il en est de même des vices opposés à la vertu. L'expression qui personnifie le vice et la vertu est un artifice <*Maschinerie*> esthétique, qui cependant possède un sens moral. — C'est pourquoi une esthétique des mœurs sans être une partie de la métaphysique des mœurs en est cependant la représentation subjective : et en effet les sentiments qui accompagnent la force contraignante de la loi morale en rendent sensible l'efficacité (par exemple : le dégoût, l'horreur, etc., qui expriment de manière sensible l'aversion morale) et servent à retirer leur privilège aux mobiles *simplement* sensibles.

XV

Du principe de la distinction de la doctrine de la vertu et de la doctrine du droit

Cette distinction, sur laquelle repose aussi la division suprême de la *métaphysique des mœurs* en général, se fonde sur ce que le concept de LIBERTÉ, qui est commun à l'une et à l'autre, rend nécessaire la distinction des devoirs en devoirs de *liberté externe* et devoirs de *liberté interne*, ces derniers seuls étant des devoirs éthiques. — C'est pourquoi cette liberté interne, considérée comme condition de tout *devoir de vertu* doit être présentée en introduction *(discursus praeliminaris)* (de même qu'a été présentée plus haut la doctrine de la conscience comme condition de tout devoir en général).

REMARQUE

De la doctrine de la vertu considérée d'après le principe de la liberté interne

L'*habitude (habitus)* est une certaine aisance à agir *(eine Leichtigkeit zu handeln)* et une perfection subjective du *libre-arbitre.* — Mais toute aisance de ce genre n'est pas une *libre habitude (habitus libertatis)* ; car, lorsqu'elle devient accoutumance *(assuetudo)*, c'est-à-dire quand l'action uniformément répétée de manière fréquente devient une *nécessité*, l'habitude ne procède plus alors de la liberté et il ne s'agit plus d'une habitude morale. On ne peut donc pas *définir* la vertu par l'habitude d'effectuer des actions libres conformes à la loi ; mais on pourrait la définir par l'habitude si l'on ajoutait : « de se déterminer à agir par la représentation de la loi » ; et alors l'habitude ne serait pas une propriété du libre-arbitre, mais de la volonté, qui, de par la règle qu'elle admet, est en même temps une faculté de désirer universellement législatrice. Seule une telle habitude peut être liée à la vertu.

Mais la liberté interne suppose deux conditions : dans un cas donné être *maître* de soi *(animus sui compos)* et posséder de *l'empire* sur soi *(imperium in semetipsum)*, c'est-à-dire *discipliner* ses affections et *dominer* ses passions. — Dans ces deux états le *caractère (indoles)* est *noble (erecta)*, dans le cas contraire il est *vil (indoles abiecta, serva)*.

XVI

La vertu exige d'abord l'empire sur soi-même

Les *affections* et les *passions* sont essentiellement distinctes ; les premières relèvent du *sentiment*, dans la mesure où celui-ci précédant la réflexion la rend difficile ou impossible. C'est pourquoi on dit que l'affection est *soudaine, brusque (animus praeceps)* et la raison, par le concept de vertu, veut que l'on *se contienne* ; cependant cette faiblesse dans l'usage de l'entendement, liée à la force du mouvement de l'âme, n'est qu'une absence de vertu <*Untugend*>, et est, pour ainsi dire, une chose puérile et faible, qui peut fort bien coexister avec la meilleure volonté et qui possède encore ceci de bon que la tempête s'apaisera bientôt. Un penchant à l'affection (par exemple à la *colère*) ne se marie pas aussi bien avec le vice que la *passion*. La *passion* au contraire est un *désir* sensible devenu une inclination constante <*bleibende Neigung*> (par exemple la *haine* par opposition à la *colère*). Le calme avec lequel on s'y abandonne laisse place à la réflexion et permet à l'esprit de se forger des principes à ce sujet et ainsi, lorsque l'inclination porte sur quelque chose de contraire à la loi, de la couver, de l'enraciner en soi et de recevoir ce faisant (sciemment) le mal en ses maximes ; il s'agit alors d'un mal *qualifié*, c'est-à-dire d'un véritable *vice*.

Considérée comme fondée sur la liberté interne la vertu comprend donc aussi pour les hommes un commandement positif, celui de plier sous sa puissance (celle de la raison) toutes ses facultés et toutes ses inclinations, par conséquent le commandement d'avoir de l'empire sur soi. Et ce commandement s'ajoute à la défense de se laisser dominer par ses sentiments et ses affections (en quoi consiste le devoir d'*apathie*) ; c'est que ceux-ci deviennent bientôt les maîtres de l'homme si la raison ne prend pas en ses mains les rênes du gouvernement.

XVII

La vertu suppose nécessairement l'apathie (considérée comme force)

Le mot d'*apathie* est pris en mauvaise part comme s'il signifiait l'insensibilité et par conséquent l'indifférence subjective par rapport aux objets du libre-arbitre. On peut prévenir ce malentendu en nommant *apathie morale* l'absence d'affection, qu'il convient de distinguer de l'indifférence ; et cette apathie morale consiste en ce que les sentiments issus des impressions sensibles ne perdent leur influence sur le sentiment moral qu'autant que le respect pour la loi devient plus puissant qu'eux tous. — Ce n'est que la force apparente d'un état fiévreux et maladif <*Stärke eines Fieberkranken*> qui laisse s'exalter jusqu'à l'affection ou plutôt dégénérer dans l'affection le vif intérêt que l'on porte au bien lui-même. On appelle *enthousiasme* une affection de ce genre, et c'est ici qu'il faut appliquer cette *modération*, que l'on a coutume de recommander dans la pratique même des vertus *(insani sapiens nomen ferat, aequus iniqui, ultra, quam satis est, virtutem si petat ipsam. Horace).* Sinon l'on pourrait croire absurdement que l'on peut être *trop sage, trop vertueux.* L'affection relève toujours de la sensibilité et peut être suscitée par un objet, quel qu'il soit. La véritable force de la vertu est la *tranquillité de l'âme* avec la décision ferme et réfléchie de mettre la loi en pratique. Tel est l'état de *santé* dans la vie morale ; en revanche l'affection, même lorsqu'elle est suscitée par la représentation du *bien*, est un phénomène qui ne brille qu'un instant, et qui entraîne l'abattement. Celui-là ne possède qu'une vertu imaginaire <*Phantastisch-tugenhaft... kann... genannt werden*>, qui ne veut point admettre de *choses indifférentes (adiaphora)* pour la moralité, qui jonche tous ses pas de devoirs comme autant de chausses-trappes et qui ne trouve pas indifférent que l'on se nourrisse de viande ou de poisson, de bière ou de vin, ou bien de l'un et de l'autre : c'est là une micrologie qui reçue dans la doctrine de la vertu transformerait en tyrannie son empire.

Remarque

La vertu est toujours en *progrès* et cependant elle se retrouve toujours au *commencement*. — Elle est toujours en progrès parce qu'*objectivement* considérée, elle est un Idéal inaccessible, dont cependant nous avons pour devoir de toujours nous approcher davantage. Qu'elle se trouve toujours au commencement c'est là ce qui se fonde, au point de vue *subjectif*, sur la nature de l'homme affectée par les inclinations dont l'influence est telle que la vertu, avec ses maximes admises une fois pour toutes, ne peut jamais connaître un état de repos et de calme, mais tout au contraire sombre infailliblement lorsqu'elle n'est pas en progrès. Et en effet des maximes morales ne peuvent, comme des maximes techniques, être fondées sur l'habitude (car cela relève de ce qui est physique dans la détermination de la volonté), et même si la pratique de ces maximes devenait une habitude, le sujet perdrait la *liberté* dans le choix de ses maximes, ce qui est cependant le caractère d'une action faite par devoir.

XVIII

Notions préliminaires relatives à la division de la doctrine de la vertu

Le principe de cette division doit PREMIÈREMENT, en ce qui concerne la *forme*, contenir toutes les conditions qui distinguent, suivant la forme spécifique, de la doctrine du droit une partie de la doctrine générale des mœurs et c'est ce que permettent les conditions qui suivent : 1° les devoirs de vertu sont des devoirs pour lesquels il n'existe pas de législation externe ; 2° puisqu'au fondement de tout devoir il doit y avoir une loi, celle-ci ne peut dans l'éthique être une loi du devoir pour les actions, mais seulement pour les maximes des actions ; 3° enfin (et c'est une conséquence de ce qui précède) le devoir éthique doit être conçu comme un devoir *large* et non comme un devoir strict.

En ce qui concerne la *matière*, la doctrine de la vertu EN SECOND LIEU ne doit pas être établie comme une doctrine du devoir en général, mais aussi comme *téléologie (Zwecklehre)* : en sorte que l'homme soit obligé de se penser lui-même et aussi bien que tout autre comme étant sa fin ; c'est ce que l'on a coutume d'appeler les devoirs relatifs à l'amour de soi et à l'amour du prochain, mais ici ces expressions sont prises en un sens impropre, car aimer ne peut être directement un devoir et ce sont les actions par lesquelles l'homme fait de lui-même et des autres une fin qui peuvent constituer un devoir.

EN TROISIÈME LIEU il convient d'observer, à propos de la distinction de la matière et de la forme (de la légalité et de la finalité) dans le principe du devoir, que toute *obligation de vertu (obligatio ethica)* n'est pas un devoir de vertu *(officium ethicum s. virtutis)* ; en d'autres termes, le respect devant la loi en général ne fonde pas encore une fin en tant que devoir ; or seule une fin est un devoir de vertu. — Aussi n'y a-t-il qu'*une seule* obligation de vertu, alors qu'il y a plusieurs devoirs de vertu. C'est qu'il y a beaucoup d'objets qui sont pour nous des fins, telles qu'il est de notre devoir de nous les proposer, tandis qu'il n'y a qu'*une seule* intention vertueuse comme principe subjectif de la détermination à remplir son devoir et cette intention s'étend aussi sur les devoirs de droit, qui ne peuvent pourtant pas être appelés des devoirs de vertu pour cette raison. — Aussi bien toutes les *divisions* de l'éthique ne concernent que des devoirs de vertu. La science de ce genre d'obligation, qui s'impose sans s'appuyer sur une législation extérieure possible, est l'éthique elle-même considérée dans son principe formel.

REMARQUE

Comment ai-je été conduit, demandera-t-on, à introduire la division de l'éthique en *doctrine élémentaire* et *méthodologie*, alors que j'ai pu m'en dispenser dans la doctrine du droit ? — La raison en est que la doctrine de la vertu ne s'occupe que de devoirs *larges*, tandis que la doctrine du droit ne regarde que les devoirs *stricts* au sens propre du terme. Aussi bien cette dernière, qui selon sa nature même doit être rigoureusement (précisément) déterminante, n'a pas plus besoin que la mathématique pure d'une règle générale (méthode), pour savoir comment elle doit procéder dans ses jugements, mais elle porte des jugements vrais par le fait même de les porter. — En revanche l'éthique, en raison de la latitude qu'elle reconnaît aux devoirs imparfaits, introduit inévitablement des questions, qui amènent la faculté de juger à décider comment une maxime doit être appliquée dans les cas particuliers et cela de telle manière que cette maxime fournisse une autre maxime (subordonnée) (dont on peut toujours rechercher le principe d'application au cas donné) ; et ainsi elle tombe dans une *casuistique* qu'ignore la doctrine du droit.

La *casuistique* n'est donc ni une *science*, ni une partie de celle-ci ; car ce serait alors une dogmatique, tandis qu'elle est moins une doctrine qui enseigne à *trouver* quelque chose qu'un exercice par lequel on apprend comment la vérité doit être *cherchée*. Elle n'est donc liée à la science que *fragmentairement* et non systématiquement (comme cela doit être le propre de l'éthique) et elle ne lui est jointe que comme les scolies le sont au système.

En revanche il appartient spécialement à l'éthique, en tant que *méthodologie* de la raison moralement pratique d'exercer la raison, plus encore que la faculté de juger, dans la *théorie* des devoirs aussi bien que dans la *pratique*. La méthode qui concerne le premier exercice (qui touche la théorie des devoirs) se nomme *didactique*, et la forme de l'enseignement est ou *acroamatique* ou érotématique. La méthode érotématique est l'art d'interroger l'élève sur ce qu'il sait déjà des concepts du devoir, et cela ou bien en s'adressant seulement à sa mémoire, auquel cas la méthode est proprement *catéchétique*, ou bien en supposant que ces connaissances doivent déjà être naturellement contenues en sa raison et qu'il suffit de les développer, ce qui est la méthode *dialogique* (socratique).

A la didactique en tant qu'exercice théorique correspond comme contrepartie dans le champ pratique l'ascétique, qui est la partie de la méthodologie en laquelle on n'enseigne pas seulement le concept de vertu, mais comment la *faculté de la vertu*, ainsi que la volonté qu'elle suppose, peut être mise en exercice et cultivée.

D'après ces principes nous diviserons donc tout le système en deux parties : la *doctrine éthique élémentaire* <*ethische Elementarlehre*> et *la méthodologie éthique*. Chaque partie aura ses divisions principales et celles de la première partie donneront lieu à différents chapitres suivant la différence des *sujets* envers lesquels l'homme est obligé, et dans la deuxième partie suivant la différence des *fins* que la raison enjoint à l'homme de se proposer, ainsi que ses dispositions envers celles-ci.

XIX

La division (architectonique) que la raison pratique permet de concevoir comme fondation du système de ses concepts dans une éthique ne peut s'opérer que selon deux espèces de principes isolés ou liés ; l'une qui présente le *rapport subjectif* des obligés à l'obligeant *au point de vue de la matière*, l'autre qui représente le rapport *objectif* des lois éthiques aux devoirs en général dans un système *au point de vue de la forme*. La *première* division est celle des êtres en rapport auxquels une obligation éthique peut être conçue ; la *seconde* serait celle des concepts de la raison pure éthique pratique, qui appartiennent aux devoirs de la première, et qui par conséquent ne sont nécessaires à l'éthique, que dans la mesure où celle-ci doit être une *science*, c'est-à-dire seulement à l'enchaînement méthodique de toutes les propositions dégagées dans la première.

Première division de l'Éthique
d'après la différence des sujets et de leurs lois

Elle comprend
les devoirs

de l'homme envers l'homme		de l'homme envers les êtres qui ne sont pas humains	
envers lui-même	envers d'autres hommes	envers les êtres inférieurs à l'homme	envers les êtres supérieurs à l'homme

Seconde division de l'Éthique
d'après les principes d'un système de la raison pure pratique

Éthique

Doctrine élémentaire		Méthodologie	
Dogmatique	Casuistique	Didactique [a]	Ascétique

Puisque cette seconde division concerne la forme de la science elle doit, comme précis de l'ensemble, avoir le pas sur la première.

a. Première édition : catéchétique.

I

DOCTRINE ÉLÉMENTAIRE
DE L'ÉTHIQUE

DOCTRINE ÉLÉMENTAIRE DE L'ÉTHIQUE

PREMIÈRE PARTIE

DES DEVOIRS ENVERS SOI-MÊME EN GÉNÉRAL

INTRODUCTION

§ 1

Le concept d'un devoir envers soi-même enveloppe (à première vue) une contradiction.

Si le *moi qui oblige* est pris dans le même sens que le *moi obligé*, alors c'est un concept contradictoire que celui de devoir envers soi. En effet le concept d'une contrainte passive est compris dans celui du devoir *(je suis obligé)*. Or, puisqu'il s'agit d'un devoir envers moi-même je me représente comme *obligeant*, par conséquent dans un état de contrainte active (Moi, ce même sujet, je suis celui qui oblige) ; et la proposition, exprimant un devoir envers soi-même (je *dois* m'obliger moi-même) renfermerait une obligation d'être obligé (une obligation passive, qui cependant serait en même temps, le rapport étant toujours pris dans le même sens, une obligation active), c'est-à-dire une contradiction. — On peut encore mettre en lumière cette contradiction en montrant que l'obligeant *(auctor obligationis)* peut toujours délier l'obligé *(subiectum obligationis)* de *l'obligation (terminus obligationis)*, et par conséquent, puisque tous deux sont un seul et même sujet, que l'obligeant n'est pas lié à un devoir qu'il s'impose lui-même ; en quoi l'on trouve de la contradiction.

§ 2

Il existe cependant des devoirs de l'homme envers lui-même.

Supposez, en effet, qu'il n'existe pas de devoirs de cette espèce, alors d'une manière générale il n'existerait aucun devoir, pas même des devoirs extérieurs. — Car je ne puis me reconnaître obligé envers d'autres que dans la mesure où je m'oblige en même temps moi-même, puisque la loi, en vertu de laquelle je me considère comme obligé, procède dans tous les cas de ma propre raison pratique, par laquelle je suis contraint, tandis que je suis par rapport à moi-même celui qui contraint [1].

§ 3

Solution de cette apparente antinomie.

Dans la conscience d'un devoir envers lui-même, et en tant que sujet de ce devoir, l'homme se considère suivant deux aspects : tout d'abord comme *être sensible*, c'est-à-dire comme homme (comme un être appartenant à une espèce animale) ; mais aussi ensuite comme un *être raisonnable* (non pas seulement comme un être doué de raison, car la raison considérée comme faculté théorique pourrait bien être aussi l'attribut d'un être corporel vivant), être raisonnable qu'aucun sens n'atteint et qui ne se révèle que dans les rapports moraux pratiques, où l'inintelligible propriété de la *liberté* se manifeste par l'influence de la raison sur la volonté intérieurement législatrice.

Or l'homme, en tant qu'être doué de raison *appartenant à la nature* <*als vernünftiges Naturwesen*> (*homo phaenomenon*), est susceptible d'être déterminé par sa raison comme par une *cause* à accomplir des actions dans le monde sensible, et à ce niveau le concept d'une obligation n'a pas encore à être consi-

---

1. Ainsi dit-on, s'il s'agit d'un point touchant la sauvegarde de l'honneur ou de la vie : « Je me dois cela à moi-même ». Et l'on s'exprimera encore ainsi même à propos de devoirs de moindre importance, qui ne touchent point au nécessaire, mais seulement au méritoire dans l'accomplissement du devoir. Par exemple je dirai que « je me dois à moi-même de développer mes aptitudes à la vie sociale (de me cultiver). »

déré. Mais le même être, conçu <*gedacht*> selon sa *person-nalité*, c'est-à-dire comme un être doué de *liberté* intérieure, *(homo noumenon)*, est susceptible d'être obligé, et particulière-ment envers lui-même (l'humanité considérée dans sa personne). Si bien que l'homme (considéré en deux sens) peut reconnaître un devoir envers soi sans se contredire (puisque le concept de l'homme n'est pas pris dans un seul et même sens).

§ 4

Du principe de la division des devoirs envers soi.

C'est seulement au point de vue de l'objet du devoir, et non à celui du sujet qui s'oblige, que cette division peut être faite. Obligé aussi bien qu'obligeant le sujet n'est *toujours que l'homme*, et si, dans une perspective théorique il nous est bien permis de distinguer en l'homme l'âme et le corps comme propriétés natu-relles de l'homme, il n'est toutefois pas permis de les considérer comme des substances différentes obligeant l'homme, et de diviser en conséquence les devoirs envers soi en devoirs envers le corps et envers l'âme. — Ni l'expérience, ni les raisonnements de la raison ne nous instruisent assez pour dire s'il y a dans l'homme une âme (comme demeurant en lui, distincte du corps, capable de penser indépendamment de lui, c'est-à-dire comme substance spirituelle), ou si la vie ne serait pas plutôt une pro-priété de la matière. Même si la première hypothèse était fondée, on ne pourrait concevoir des devoirs de l'homme envers un *corps* (comme sujet obligeant), alors même que ce corps serait le corps humain.

1. Il n'y aura donc qu'une division *objective* des devoirs envers soi-même suivant la FORME et la MATIÈRE, qui seront les uns *res-trictifs* (devoirs négatifs), les autres *extensifs* (devoirs positifs envers soi). Les premiers interdisent à l'homme d'agir contre la FIN de sa nature et ils n'intéressent donc *que la conservation de soi* morale. Les seconds *commandent* de se donner comme fin un certain objet de la volonté <*Willkür*> et concernent le *perfectionnement* de soi. Les uns et les autres, soit comme devoirs d'omission *(sustine et abstine)*, soit comme devoirs d'action *(viribus concessis utere)*, se rattachent à la vertu, car ce sont également des devoirs de vertu. Les premiers sont rela-tifs à la SANTÉ morale *(ad esse)* de l'homme, aussi bien comme

objet de son sens externe que de son sens interne, en vue de la
conservation de sa nature dans sa perfection (en tant que *réceptivité*). Les seconds tendent à la *richesse* morale <*Wohlhaben-
heit*> *(ad melius esse, opulentia moralis)*, qui consiste en la possession d'une faculté pouvant suffire à toutes les fins, pour autant
que cette faculté peut être acquise et rentre dans la *culture* de
soi-même (comme perfection active). — Le premier principe des
devoirs envers soi-même est exprimé par cette sentence : Vis
conformément à la nature *(naturae convenienter vive)*, c'est-
à-dire *conserve-toi* dans la perfection de ta nature ; le second
dans la proposition : *Rends-toi plus parfait* que la seule nature
ne t'a créé *(perfice te ut finem, perfice te ut medium)*.

2. Il y a aussi un division *subjective* des devoirs de l'homme
envers lui-même, c'est-à-dire une division suivant laquelle le
sujet du devoir (l'homme) se considère ou comme un être ANIMAL
(physique) et en même temps moral, OU SIMPLEMENT COMME UN
ÊTRE MORAL.

Or les tendances de la nature qui concernent L'ANIMALITÉ de
l'homme sont A) celle par laquelle la nature recherche la conservation de soi, B) celle qui la conduit à tendre à la conservation
de l'espèce, C) celle enfin à la conservation de la faculté de
jouir, mais seulement eu égard aux jouissances animales. Les vices
qui ici s'opposent aux devoirs de l'homme envers lui-même sont
le *suicide*, l'usage contraire à la nature que l'on peut faire de la
tendance sexuelle, et celui des jouissances immodérées de la table
qui affaiblit la faculté de faire un usage convenable de ses
forces [a].

En ce qui touche les devoirs de l'homme envers lui-même,
considéré comme un être *seulement* moral (abstraction faite de
son animalité), il consiste dans la *forme* <*im Formalen*> de
l'accord des maximes de sa volonté avec la *dignité* de l'humanité en sa personne ; c'est-à-dire dans l'interdiction de se dépouiller soi-même du *privilège* d'un être moral, qui est d'agir d'après
des principes, c'est-à-dire de la liberté intérieure, et de se rendre ce faisant le jouet de simples penchants, donc de faire de
soi une chose. — Les vices qui sont opposés à ce devoir sont :
le MENSONGE, l'AVARICE, et la FAUSSE HUMILITÉ (bassesse). Ces vices
reposent sur des principes qui (par leur forme même) contredisent le caractère de l'homme en tant qu'être moral, c'est-à-dire
sa liberté intérieure, sa dignité innée et c'est dire que celui qui

---

a. Nous avons suivi ici la 1ʳᵉ éd.

s'y adonne prend pour principe de n'en avoir point et partant point de caractère, soit de s'avilir et de faire de soi un objet de mépris. — La vertu qui s'oppose à tous ces vices pourrait s'appeler *honneur (honestas interna iustum sui aestimium)*, manière de penser absolument différente de l'ambition *(ambitio)* (laquelle aussi peut être bien basse) et nous la retrouverons plus tard, sous ce titre même, d'une manière particulière.

DOCTRINE DE LA VERTU

PREMIÈRE PARTIE

DOCTRINE ÉLÉMENTAIRE

LIVRE PREMIER
DES DEVOIRS PARFAITS ENVERS SOI-MÊME

PREMIÈRE SECTION
DES DEVOIRS DE L'HOMME ENVERS SOI
EN TANT QU'ÊTRE ANIMAL

§ 5

Au point de vue de l'animalité, *le premier*, sinon le plus important, devoir de l'homme envers lui-même, est la *conservation* de sa nature animale.

Le contraire de ce devoir est la destruction volontaire, ou préméditée, de sa nature animale, destruction qui peut être conçue comme totale ou partielle. — La destruction totale s'appelle *suicide (autochiria, suicidium)* ; la destruction partielle se décompose elle-même en *matérielle*, lorsque l'on se *prive* de certaines *parties* intégrantes comme organes, en quoi consiste la *mutilation*, et en *formelle*, quand l'on se prive (pour toujours ou pour quelque temps) de la *faculté de l'usage* physique (et par là aussi, d'une manière indirecte de l'usage moral), en quoi consiste l'*acte de s'étourdir* <*Selbstbetäubung*>.

Puisque dans cette section il n'est question que des devoirs négatifs et par conséquent seulement d'omissions, les articles traitant du devoir devront être dirigés contre les *vices* qui s'opposent au devoir envers soi-même.

Du suicide

§ 6

L'homicide volontaire commis sur soi ne peut véritablement être appelé SUICIDE *(homicidium dolosum)*, que s'il est prouvé qu'il s'agit en général d'un crime perpétré sur notre propre personne ou sur la personne d'autrui par l'intermédiaire de la nôtre (par exemple lorsqu'une femme enceinte se donne la mort).

a) Le suicide est un crime (meurtre). On peut le considérer aussi comme une transgression du devoir de l'homme envers les autres hommes (comme de celui des époux les uns envers les autres, ou des parents envers les enfants, ou du sujet envers l'autorité ou ses concitoyens, ou enfin encore comme de la transgression du devoir de l'homme envers Dieu, l'homme abandonnant sans y avoir été invité le poste qui nous a été confié dans le monde), mais il n'est ici question que de savoir si le suicide prémédité est une violation du devoir envers soi, si, même, négligeant toutes les autres considérations, l'homme est obligé de conserver sa vie par cela seul qu'il est une personne, et s'il doit reconnaître en ceci un devoir (et même un devoir strict) envers lui-même.

Que l'homme puisse s'offenser lui-même, cela semble absurde *(volenti non fit injuria)*. Aussi bien le stoïcien considérait-il comme un privilège de sa personnalité (du sage), que de pouvoir sortir de la vie à son gré (comme l'on sort d'une chambre enfumée), avec une âme tranquille, sans y être forcé par quelque mal présent ou à venir, mais par cette seule raison qu'il ne pouvait plus y être utile à quoi que ce soit. — Mais justement ce courage, cette force d'âme, permettant de ne point craindre la mort et de connaître quelque chose que l'homme peut estimer plus encore que sa vie, aurait dû être un mobile d'autant plus puissant de ne pas se détruire, lui un être doué d'une si grande puissance, d'une puissance si supérieure aux plus forts penchants sensibles, et par conséquent de ne point s'ôter la vie.

L'homme ne peut aliéner sa personnalité aussi longtemps qu'il existe pour lui des devoirs, donc aussi longtemps qu'il vit ; et c'est une contradiction que de lui reconnaître le droit de se délier de toute obligation, c'est-à-dire d'agir aussi librement que s'il n'avait besoin pour cela d'aucune espèce de droit. Anéantir en sa propre personne le sujet de la moralité <*Sittlichkeit*>, c'est chasser du monde, autant qu'il dépend de soi, la moralité dans son existence même, alors qu'elle est fin en soi ; aussi bien disposer de soi en vue d'une certaine fin comme d'un simple moyen, signifie dégrader l'humanité en sa personne *(homo noumenon)*, à laquelle cependant était confiée la conservation de l'homme *(homo phaenomenon)*.

Se priver d'une partie intégrante comme organe (se mutiler), par exemple donner ou vendre une dent pour l'implanter dans la gencive d'un autre, ou bien se soumettre à la castration pour poursuivre une vie de chanteur plus aisée, etc..., relève du suicide partiel. Mais il n'en est pas de même de l'amputation d'un membre gangrené, ou qui menace de le devenir, mettant ainsi la vie en danger. On ne saurait de même considérer comme un crime sur sa propre personne l'acte de couper quelque partie de son corps qui n'est pas un organe, par exemple les cheveux, bien que dans ce dernier cas la chose ne soit pas tout à fait innocente, lorsqu'elle vise un gain extérieur.

Questions casuistiques

Est-ce un suicide que de se jeter au-devant d'une mort certaine (comme Curtius) pour sauver la patrie ? Et doit-on considérer le martyre volontaire, qui consiste à se sacrifier pour le salut de l'humanité en général, comme l'action précédente, tel un acte héroïque ?

Est-il permis de prévenir par le suicide l'injuste condamnation à mort dictée par le souverain ? — même dans le cas où celui-ci (ainsi que le fit Néron pour Sénèque) le permettrait ?

Peut-on imputer comme crime à un grand monarque, mort depuis peu, d'avoir porté sur lui un poison agissant très rapidement, afin vraisemblablement de n'être pas obligé, s'il avait été fait prisonnier dans la guerre qu'il conduisait en personne, d'accepter des conditions quant à sa rançon défavorables pour son pays ; n'est-il pas en effet possible de lui prêter cette inten-

tion sans qu'il soit nécessaire de ne voir par derrière qu'un simple orgueil ?

Éprouvant déjà de l'hydrophobie, effet de la morsure d'un
chien enragé, et après s'être rendu compte qu'il n'a encore jamais
vu une guérison, un homme s'est donné la mort pour éviter,
comme il le dit dans une lettre qu'il a laissée derrière lui, de
faire dans ses transports de rage (auxquels il s'est déjà senti
entraîné) d'autres malheureux ; la question est de savoir s'il a
ce faisant injustement agi.

Celui qui se résout à se faire vacciner risque sa vie, la chose
étant incertaine, bien qu'il agisse ainsi *afin de conserver sa
vie*, et au regard de la loi morale se met dans un cas beaucoup
plus embarrassant que le marin qui, au moins, ne suscite pas
la tempête à laquelle il s'expose, tandis que notre homme s'attire lui-même la maladie qui le met en danger de mort. La vac-
cination est-elle donc permise ?

ARTICLE SECOND

De la souillure de soi-même par la volupté

§ 7

De même que l'amour de la vie a été mis en nous par la
nature en vue de la conservation de notre *personne*, l'amour du
sexe a été mis en nous en vue de la conservation de l'*espèce*.
Toutes deux sont des *fins naturelles*. On entend par là cette liaison de la cause avec un effet, telle que la cause, sans qu'on lui
attribue un entendement, est cependant conçue par analogie avec
celui-ci, comme si elle produisait son effet intentionnellement. Il
s'agit de savoir si l'usage de la faculté de la conservation de
l'espèce ou de la propagation, au point de vue de la personne
même qui l'exerce, est soumis à une loi du devoir restrictive,
ou si la personne, sans viser la fin naturelle, est en droit de
faire usage de cette faculté en vue uniquement du plaisir physique sans, ce faisant, agir contrairement à un devoir envers soi [a].

On prouve dans la doctrine du droit que l'homme ne peut se
servir d'une *autre* personne pour se procurer ce plaisir que sous

a. 1re éd.

la réserve particulière d'un contrat juridique par lequel deux
personnes s'obligent réciproquement. Mais ici la question est de
savoir si par rapport à cette jouissance ne prévaut pas un devoir
de l'homme envers lui-même, dont la transgression est une
souillure (et non pas seulement une dégradation) de l'humanité
en sa propre personne. La tendance à ce plaisir s'appelle *amour
de la chair* (ou simplement volupté). Le vice qui en résulte est
l'*impudence*, et la vertu en rapport avec ces penchants sensibles
s'appelle *chasteté*, qu'il faut présenter ici comme un devoir de
l'homme envers lui-même. La volupté est *contraire à la nature*,
lorsque l'homme n'y est pas poussé par l'objet réel, mais par la
représentation imaginaire de celui-ci, qu'il se crée lui-même contrairement à la finalité <*zweckwidrig*>. Et en effet la volupté
suscite alors un désir opposé à la fin de la nature, désir encore
plus important que l'amour de la vie lui-même, puisque ce dernier ne concerne que la conservation de l'individu, tandis que le
premier intéresse l'espèce tout entière.

Qu'un semblable usage contraire à la nature (donc un abus)
de la faculté sexuelle constitue une transgression de la moralité
violant au plus haut point le devoir *envers soi-même*, c'est ce que
chacun reconnaît dès qu'il y songe et cela suscite envers cette
pensée une telle répugnance, que l'on tient même pour immoral
d'appeler un tel vice par son nom, chose qui n'a point lieu s'il
s'agit du suicide que l'on n'hésite aucunement à exposer *(in
specie facti)* aux yeux de tous dans toute son horreur. Tout se
passe comme si d'une manière générale l'homme éprouvait de
la honte d'être capable de faire un usage de sa personne tel qu'il
le rabaisse au-dessous de la bête, tant et si bien que l'union
charnelle des deux sexes dans le mariage et qui est permise (elle
est en elle-même évidemment purement animale) lorsqu'il faut
en parler dans une société policée, demande et exige beaucoup
de finesse afin de jeter un voile.

Il n'est pas si facile de donner la preuve rationnelle du caractère inadmissible de l'usage contre-nature de la faculté sexuelle
et même de cet usage dénué de fin comme violation (et dans
le premier cas suprêmement grave) du devoir envers soi. — Le
fondement de la preuve se trouve sans aucun doute en ce que
l'homme, ce faisant, abandonne (avec dédain) sa personnalité,
puisqu'il fait usage de soi seulement comme d'un moyen pour
satisfaire les tendances animales. Mais on n'explique pas encore
par là le caractère suprême de la violation de l'humanité dans
notre personne en ce vice contre nature, puisqu'au point de vue
de la forme (de l'intention) il paraît l'emporter sur le suicide. Sans

doute est-ce que rejeter sa vie comme un fardeau exige à tout le moins du courage et n'est pas un lâche abandon à l'attrait de l'animalité, et qu'en ce courage l'homme trouve encore du respect pour l'humanité en sa propre personne ; mais ce vice, où l'on cède entièrement au penchant animal, fait de l'homme un objet de jouissance, en même temps qu'une chose contre nature, c'est-à-dire suscitant le *dégoût*, lui ôtant tout respect pour lui-même.

Questions casuistiques

Dans la cohabitation des sexes la nature a pour fin la reproduction, c'est-à-dire la conservation de l'espèce ; à tout le moins donc on ne doit pas agir contre cette fin. Mais est-il permis (dans le mariage lui-même) de s'adonner à cet usage *sans toutefois avoir égard à cette fin* ?

Par exemple pendant le temps de la grossesse — ou quand (vieillesse ou maladie) l'épouse est devenue stérile, ou lorsqu'elle ne ressent en elle-même aucun désir de s'unir [à son conjoint], n'est-il pas contraire à la fin de la nature et par conséquent aussi au devoir envers soi-même, qu'il s'agisse de l'homme ou de la femme, de faire usage de ses organes sexuels, comme c'est le cas dans la volupté contre nature ? Ou bien n'est-il pas une loi de la raison, moralement pratique ici, qui permette quelque chose d'assurément coupable dans la collision de ses principes, mais afin d'éviter (comme par indulgence) une violation encore plus grande [du devoir envers soi-même] ? Sur quoi peut-on faire fond pour appeler *purisme <Purismus>* (forme de pédanterie dans la compréhension de l'observation des devoirs en ce qu'ils ont de large) la limitation d'une obligation large et pour accorder une certaine place aux penchants animaux, au risque de manquer à la loi de la raison ?

Le penchant sexuel est aussi appelé *amour* (au sens le plus strict du terme), et, en fait, c'est le plus grand plaisir des sens qui puisse résulter d'un objet. Ce n'est pas simplement un *plaisir sensible* que l'on peut prendre à certains objets qui plaisent dans la réflexion qui s'opère sur eux (l'aptitude à éprouver ce plaisir s'appelle donc goût), mais un plaisir que l'on peut prendre en *jouissant <aus dem Genusse>* d'une autre personne, et qui relève de la *faculté de désirer*, à son plus haut degré même : la passion. On ne peut le rattacher ni à l'amour de bienfaisance, ni à l'amour de bienveillance (car tous deux détournent plutôt de la jouissance charnelle), mais c'est un plaisir d'un genre particulier *(sui generis)*, et l'ardeur qu'il suscite n'a proprement rien de commun avec l'amour moral, bien qu'il puisse s'y lier étroitement, lorsque la raison pratique intervient avec ses conditions restrictives.

Article troisième

De l'aliénation de soi <Selbsbetäubung> par l'usage sans mesure de la boisson ou de la nourriture

§ 8

Ce n'est point d'après le dommage, la douleur corporelle, les maladies mêmes que l'homme s'attire ainsi, que l'on jugera ici le vice qui consiste en cette forme d'intempérance ; car ce serait alors suivant un principe de bien-être et de commodité (de bonheur donc) qu'il faudrait résister à ce vice et un tel principe ne peut jamais fonder un devoir, mais seulement une règle de prudence ; à tout le moins ce ne serait pas un principe d'un devoir direct.

L'intempérance animale dans la jouissance de la nourriture est l'abus des moyens de jouissance, qui contrarie ou épuise la faculté d'en faire un usage intellectuel. *Ivrognerie* et *gourmandise* sont les vices qui rentrent sous cette rubrique. En état d'ivresse l'homme doit être traité seulement comme un animal, non comme un homme. Gorgé de nourriture et en tel état il est paralysé pour un certain temps, s'il s'agit d'actions qui exigent de l'adresse et de la réflexion dans l'usage de ses forces. — Que ce soit transgresser un devoir envers soi-même que de se mettre en un tel état, c'est là ce qui tombe sous les yeux. Le premier de ces états qui nous ravalent en dessous de la nature animale même, est habituellement l'effet de boissons fermentées, mais aussi d'autres moyens de s'étourdir, tel l'opium et autres productions du règne végétal, et il est séduisant par le fait qu'il procure pour un moment le bonheur rêvé, qu'il libère des soucis, et donne même des forces imaginaires ; mais il est nuisible parce qu'il entraîne par la suite abattement, faiblesse, et, ce qui est le pire, la nécessité de prendre à nouveau du produit qui permet de s'étourdir et même d'en prendre plus. Aussi bien la gloutonnerie <*Gefrässigkeit*> peut encore être classée parmi les jouissances animales, puisqu'elle n'occupe que les sens, qu'elle laisse dans un état passif, et jamais l'imagination, comme il arrive dans le cas précédent où se rencontre un jeu *actif* des représentations ; elle est donc encore plus voisine de la jouissance de la brute.

Questions casuistiques

Ne peut-on permettre, sinon comme panégyriste du vin, du moins comme apologiste, un usage de celui-ci confinant à l'ivresse, puisqu'il anime en société la conversation et porte les cœurs à s'ouvrir ? — Ou peut-on lui reconnaître le mérite de réaliser ce que Horace[a] vante dans Caton : *virtus eius incaluit mero ?* Mais qui peut fixer la *mesure* pour quelqu'un qui est déjà prêt à tomber dans l'état où il n'aura plus l'œil assez clair pour *mesurer* ? L'usage de l'opium et de l'eau de vie comme moyens de jouissance se rapproche plus de l'abjection, parce que dans le bien être imaginaire ils rendent le sujet muet, replié sur lui-même, non communicatif ; c'est aussi pourquoi ces produits sont autorisés uniquement comme médicaments. — La doctrine de Mahomet, qui interdit totalement le vin, a fait un choix bien mauvais, en permettant l'opium.

Le banquet, invitation formelle à l'intempérance en ces deux formes de jouissances, possède, outre l'agrément simplement physique, quelque chose qui tend à une *fin* morale, je veux dire réunir beaucoup d'hommes longuement en vue d'une communication réciproque. Mais comme une réunion d'hommes (lorsqu'elle dépasse comme le dit Chesterfield le nombre des muses) ne rend possible qu'une maigre communication (celle avec ses voisins à table), et que par conséquent les dispositions vont contre la fin, elle demeure toujours une excitation à l'immoralité, c'est-à-dire à l'intempérance, à la transgression du devoir envers soi ; sans considérer les inconvénients physiques qui résultent de l'empiffrement et que le médecin peut peut-être guérir. Jusqu'à quel point s'étend le droit moral de céder à ces invitations à l'intempérance ?

a. Horace. Od. III, 21, 11.

DEUXIÈME SECTION

DU DEVOIR DE L'HOMME ENVERS LUI-MÊME CONSIDÉRÉ UNIQUEMENT COMME ÊTRE MORAL

Ces devoirs s'opposent aux vices du *mensonge*, de l'*avarice*, et de *la fausse humilité* (bassesse).

I

Du mensonge

§ 9

La plus grande transgression du devoir de l'homme envers lui-même considéré uniquement comme être moral (envers l'humanité en sa personne), est le contraire de la véracité : *le mensonge* *(aliud lingua promptum, aliud pectore inclusum genere)*. Que toute fausseté décidée dans l'expression de ses pensées ne puisse éviter dans l'éthique une si dure appellation (alors qu'elle n'est ainsi qualifiée dans la doctrine du droit, que lorsqu'elle porte atteinte au droit d'autrui) est chose évidente puisque l'éthique ne considère point comme une justification l'absence de tout dommage. C'est que le déshonneur (être un objet de mépris moral) qui l'accompagne, accompagne aussi le menteur comme son ombre. — Le mensonge peut être extérieur *(mendacium externum)* ou intérieur. Par le mensonge extérieur l'homme se rend méprisable aux yeux d'autrui, mais par le mensonge intérieur, ce qui est encore bien pis, il se rend méprisable à ses propres yeux et attente à la dignité de l'humanité en sa propre personne. Et puisque le dommage qui peut s'ensuivre pour autrui ne constitue pas l'élément propre du vice (qui ne serait alors rien d'autre qu'une violation du devoir envers autrui) il ne faut pas en tenir compte, non plus que du dommage que le menteur peut se faire à lui-même, car alors considéré comme faute de prudence, le mensonge contredirait les maximes pragmatiques, non les maximes morales, et ne pourrait être envisagé comme transgression du devoir. — Le mensonge est abandon et pour ainsi dire négation de la dignité humaine. Un homme qui ne croit pas ce qu'il dit à un autre (même s'il s'agit d'une personne idéale) a encore moins de valeur que s'il n'était qu'une simple chose, car puisque la chose est quelque chose de réel et de donné, quelqu'un d'autre, peut se servir de ce qui en constitue la propriété, en faire usage, tandis que la communication de ses pensées à autrui, au moyen de mots, qui contiennent (intentionnellement) le contraire de ce que pense le sujet qui parle, est une fin directement opposée à la finalité naturelle de la faculté de communiquer ses pensées, c'est-à-dire un renoncement à la personnalité et au lieu de l'homme même, l'apparence illusoire de l'homme [a]. — La *véracité* dans les déclarations s'appelle aussi *loyauté* et, s'il s'agit de promesse, *droiture*, et de manière générale *bonne foi*.

Pour être jugé condamnable il n'est pas nécessaire que le mensonge (au sens éthique du terme), en tant que fausseté préméditée, soit *nuisible* à autrui ; en effet le mensonge ne serait alors que violation du droit d'autrui. Sa cause peut être la légèreté, voire même la bonté et l'on peut même en mentant se proposer une fin bonne : mais par sa simple forme la manière de tendre à cette fin est un crime de l'homme envers sa propre personne et une indignité qui le rend méprisable à ses propres yeux.

Il est facile de prouver la réalité de beaucoup de mensonges INTÉRIEURS dont les hommes se rendent coupables, mais il semble plus difficile d'expliquer leur possibilité, parce qu'il semble nécessaire qu'il y ait une seconde personne que l'on ait l'intention de tromper et qu'il paraît contradictoire de se tromper soi-même volontairement.

Comme être moral (*homo noumenon*) l'homme ne peut se servir de soi en tant qu'être physique (*homo phaenomenon*) comme simple moyen physique (machine à paroles), non lié à la fin interne (la communication des pensées), mais il est soumis au contraire à la condition de s'accorder avec lui-même dans la déclaration (*declaratio*) de celle-ci et il est obligé envers lui-même à la *véracité*. — Par exemple il se ment à lui-même lorsqu'il feint de croire à un futur juge du monde, tandis qu'il ne découvre point cette croyance en lui-même, mais se persuade qu'il ne saurait lui être nuisible, mais tout au contraire avantageux de la professer en se plaçant par la pensée devant celui qui sonde les cœurs, afin d'obtenir en tout cas sa faveur. Il se ment encore à lui-même lorsque, sans douter de ce juge, il se flatte d'obéir à sa loi par respect intérieur, alors qu'il ne sent en lui d'autre mobile que la crainte devant le chatiment.

a. 1re éd.

La déloyauté [a] est simplement manque de *conscience* <*Gewissen-haftigkeit*>, c'est-à-dire de pureté dans la confession devant son juge *intérieur*, que l'on conçoit comme une autre personne et par exemple [b], en considérant les choses en toute rigueur, c'est déjà de l'impureté que de prendre par amour de soi un vœu pour un acte, parce qu'il a pour objet une fin bonne en elle-même, et le mensonge intérieur, cependant contraire au devoir de l'homme envers lui-même, reçoit ici le nom de faiblesse, tout de même que le souhait d'un amant à qui son désir de ne trouver que de belles qualités à son aimée, rend invisible ses défauts frappants. — Cependant ce manque de pureté dans les jugements que l'on porte immoralement <*verübt*> sur soi, mérite le blâme le plus rigoureux ; c'est qu'à partir d'une telle corruption (la fausseté qui semble enracinée dans la nature humaine) le fléau du défaut de véracité à l'égard d'autrui également, s'étend dès lors que le principe suprême de la véracité a été ébranlé.

Remarque

Il est bien remarquable que la Bible date le premier crime, par lequel le mal est entré dans le monde, non du *fratricide* (Cain), mais du premier *mensonge* (parce que la nature même s'élève contre celui-ci) et qu'elle désigne comme l'auteur de tout le mal initialement le menteur, le père des mensonges. De ce penchant de l'homme à la *fourberie* <*Gleisnerei*> (esprit fourbe) [c], qui doit avoir été antécédent, la raison ne peut donner aucune explication, car un acte libre ne peut pas être déduit et expliqué (comme une action physique) suivant la loi naturelle de l'enchaînement des effets et des causes, qui sont des phénomènes dans leur ensemble.

Questions casuistiques

Peut-on tenir pour un mensonge une contre-vérité commise par simple politesse (par exemple le « *je suis votre très obéissant serviteur* » au bas d'une lettre) ? Personne n'est trompé par là. — Un auteur demande à l'un de ses lecteurs : que pensez-vous de mon ouvrage ? On pourrait assurément donner une réponse illusoire, en se moquant de ce qu'une telle question a d'embarras-

---

a. 2ᵉ éd. : Unlanterkeit = impureté.
b. Texte de la 1ʳᵉ éd.
c. En français dans le texte.

sant ; mais qui peut avoir toujours de l'esprit ? La moindre
hésitation à répondre est déjà une humiliation pour l'auteur.
Faut-il donc parler à son gré ?

Dans les choses sérieuses, où il s'agit du mien et du tien, dois-
je, si je dis une contre-vérité, supporter toutes les conséquences
qui peuvent en découler ? Par exemple un maître a ordonné à
son domestique de répondre à une certaine personne qu'il n'était
pas là. Le domestique obéit, mais par là il permet à son maître
de s'échapper et de commettre un grand crime, dont la force
envoyée pour l'arrêter l'eut empêché. Qui est ici coupable (suivant des principes éthiques) ? Sans aucun doute aussi le
domestique qui par un mensonge a violé un devoir envers soi,
et dont sa propre conscience lui reprochera les conséquences.

II

De l'avarice

§ 10

Sous ce mot je n'entends pas la *cupidité* (tendance à étendre
l'acquisition des moyens de bien-être au-delà des bornes mar-
quées par le vrai besoin), car celle-ci peut aussi être considérée
comme une simple transgression de son devoir envers *autrui*
(bienfaisance), mais la *parcimonie*, qui lorsqu'elle est honteuse,
se nomme *mesquinerie* ou ladrerie et que l'on ne doit pas regarder comme une négligence de notre devoir d'amour envers autrui,
mais comme la restriction de la jouissance *personnelle* des
moyens de bien-être jusqu'en dessous de la mesure du véritable
besoin, restriction qui est une violation du devoir *envers soi-
même*.

La condamnation de ce vice peut servir d'exemple pour montrer l'inexactitude de toutes les définitions des vertus comme
des vices d'après le simple DEGRÉ ainsi que l'impossibilité d'user
du principe aristotélicien, suivant lequel la vertu consiste à tenir
le milieu entre deux vices.

Si je considérais en effet comme un milieu entre la prodigalité et l'avarice la *bonne économie* et que celle-ci fut le degré
moyen, on ne pourrait aller d'un vice à l'autre *(contrarie)*
que par la vertu et celle-ci ne serait plus qu'un vice dimi-

nué ou plutôt disparaissant ; dans le cas qui nous occupe la conséquence consisterait en ce que l'authentique vertu serait de ne point faire usage des moyens de bien-être.

Ce n'est pas la *mesure* de la pratique des maximes morales, mais le *principe objectif* de celle-ci qui doit être reconnu et exposé comme distinct, lorsqu'un vice doit être distingué de la vertu. — *La maxime de la cupidité* (de l'esprit de prodigalité) consiste à se procurer et à conserver tous les moyens de bien-être en vue de la jouissance. — La maxime de la *ladrerie* en revanche consiste à acquérir aussi bien qu'à conserver tous les moyens de bien-être, mais *sans viser la jouissance* (c'est-à-dire sans que celle-ci, mais seulement la possession, soit la fin).

C'est donc la caractéristique propre de ce dernier vice que le principe de posséder des moyens propres à toute fin, mais avec la restriction toutefois de vouloir n'user d'aucun et de se priver ainsi de l'agrément de la vie, chose, qui au point de vue de la fin [1] est directement opposé au devoir envers soi. La prodigalité

---

1. Le principe : on ne doit en aucune chose faire trop ou trop peu, ne signifie rien, car il est tautologique. Que signifie trop faire ? Réponse : plus qu'il n'est bon. Que signifie trop peu faire ? Réponse : moins qu'il n'est bon. Que signifie *je dois* (faire ou éviter quelque chose) ? Réponse : il n'est pas bon (il est contraire au devoir) de faire plus ou moins qu'il n'est bon. Si telle est la sagesse que nous devons rechercher chez les anciens (tel Aristote), comme à des esprits plus près de la source — *virtus consistit in medio ; medium tenuere beati ; est modus in rebus, sunt certi denique fines, quos ultra citraque nequit consistere rectum* — alors nous avons mal choisi en consultant de tels oracles. — Entre la véracité et le mensonge *(en tant que contradictorie oppositis)* il n'y a **pas de** milieu, tandis qu'il en existe un entre la franchise qui consiste à tout dire et la réserve qui consiste à ne pas dire en exprimant sa pensée *toute la vérité* bien que l'on ne dise rien qui ne soit pas vrai. Or il semble tout à fait naturel de demander au théoricien de la vertu, d'indiquer ce milieu. Mais il ne le peut ; en effet ces deux devoirs de vertu possèdent un certain champ d'application *(latitudinem)* et c'est seulement suivant la faculté de juger appuyée sur les (règles morales), que l'on peut décider ce qui doit être fait, c'est-à-dire comme devoir au sens large *(officium latum)* et non comme devoir au sens strict *(officium strictum)*. C'est pourquoi celui qui suit les principes de la vertu peut certainement commettre une *faute (peccatum)*, en faisant plus ou moins que ne le prescrit la prudence, mais l'on ne saurait dire qu'il s'adonne à un vice *(vitium)* en s'attachant fermement à ces principes et ces vers d'Horace : *insani sapiens nomen ferat, aequus iniqui, ultra quam satis est virtutem si petat ipsam*, sont, pris à la lettre, fondamentalement faux. *Sapiens* ne désigne ici qu'un homme *craintif (prudens)*, qui n'imagine pas une perfection de vertu, qui en tant qu'Idéal exige certes que l'on tende à cette fin, mais non qu'on la réalise, puisque cette exigence outrepasse les forces humaines et comprend une chose déraisonnable (chimérique) en son principe. En effet dire qu'on peut être *trop vertueux*, c'est-à-dire trop dépendant de son devoir reviendrait presqu'à dire que l'on peut rendre un cercle trop rond ou une ligne trop droite.

et l'avarice ne diffèrent donc pas seulement par le degré, mais spécifiquement par leurs maximes opposées.

Questions casuistiques

Puisqu'il n'est ici question que des devoirs envers soi, et que la cupidité (désir insatiable d'acquérir), afin de dépenser, tout aussi bien que la mesquinerie (chagrin de dépenser), possèdent comme principe l'*égoïsme <solipsismus>*, et que l'une et l'autre, la prodigalité aussi bien que l'avarice, paraissent par cela seuls condamnables, qu'elles conduisent à la misère, dans un cas de manière inattendue, dans l'autre volontairement (vouloir vivre chichement), — la question est de savoir si l'une, aussi bien que l'autre, ne méritent pas plutôt le titre de simple imprudence plutôt que celui de vice et si par conséquent elles ne se situent pas tout à fait au-delà des limites du devoir envers soi-même. L'avarice, toutefois, n'est pas seulement de l'économie mal entendue, mais une soumission servile de soi aux besoins de la fortune, dont on n'est plus le maître, ce qui est une transgression du devoir envers soi-même. Elle s'oppose à la *libéralité (liberalitas moralis)* de la manière de penser en général (non à la générosité *(liberalitas sumptuosa)* qui n'est qu'une application de la libéralité à un cas particulier). L'avarice s'oppose donc au principe de l'indépendance à l'égard de tout autre chose que la loi et c'est une fraude dont l'homme se rend coupable envers lui-même. Mais qu'est-ce qu'une loi que le législateur intérieur lui-même ne sait pas à quoi il faut l'appliquer ? Dois-je diminuer mes dépenses de table ou mes dépenses extérieures, dans la vieillesse ou dans la jeunesse ? ou l'économie est-elle en général une vertu ?

III

Article troisième

De la fausse humilité

§ 11

Dans le système de la nature l'homme *(homo phaenomenon, animal rationale)* est un être de moindre importance et il possède avec les autres animaux, en tant que produits de la terre, une valeur vulgaire *(pretium vulgare)*. Mais en outre le fait qu'il ait un entendement, ce qui l'élève au-dessus de ceux-ci, et puisse se proposer à lui-même des fins, lui confère seulement une valeur *extrinsèque <einen äusseren Wert>* d'utilité *(pretium usus)*, si bien qu'un homme peut être préféré à un autre, ce qui revient à dire que dans le commerce des hommes, considérés au point de vue animal ou comme choses, il possède un *prix* comme une marchandise, mais inférieur pourtant à la valeur du moyen universel d'échange, l'argent, dont la valeur est pour cette raison appelée éminente *(pretium eminens)*.

Mais considéré comme *personne*, c'est-à-dire comme sujet d'une raison moralement pratique, l'homme est élevé au-dessus de tout prix ; en effet comme tel *(homo noumenon)*, il ne peut être estimé uniquement comme un moyen pour les fins d'autrui, pas même pour les siennes propres, mais comme une fin en soi, c'est-à-dire qu'il possède une *dignité* (une valeur intérieure absolue), par laquelle il force au *respect* de lui-même toutes les autres créatures raisonnables et qui lui permet de se mesurer avec toute créature de cette espèce et de s'estimer sur le pied d'égalité.

L'humanité qui réside en sa personne est l'objet d'un respect qu'il peut exiger de tout autre homme ; mais il ne doit pas non plus s'en priver. L'homme peut donc et doit s'estimer suivant une mesure qui est petite ou grande selon qu'il se considère en tant qu'être sensible (d'après sa nature animale) ou en tant qu'être intelligible (d'après sa constitution morale). Or comme il ne doit pas se considérer seulement comme une personne en général, mais aussi en tant qu'homme, c'est-à-dire comme une personne ayant des devoirs envers elle-même, que lui impose sa propre raison, son peu de valeur en tant *qu'homme animal* ne peut nuire à sa dignité comme *homme raisonnable*, et il ne doit pas renoncer à l'estime morale de soi à ce dernier point de vue. C'est dire qu'il ne doit pas poursuivre sa fin, qui est en elle-même un devoir, d'une manière basse et *servile (animo servili)*, comme s'il s'agissait de gagner quelque faveur, qu'il ne doit pas renoncer à sa dignité, mais qu'il doit toujours conserver la conscience du caractère sublime de sa constitution morale qui est déjà comprise dans le concept de vertu) ; et *cette estime de soi* est un devoir de l'homme envers lui-même.

La conscience et le sentiment de son peu de valeur morale *en comparaison avec* LA LOI est l'*humilité (humilitas moralis)*. On peut appeler *orgueil de la vertu (arrogantia moralis)* la persuasion d'une grandeur de sa propre valeur acquise faute de se comparer à la loï. — Renoncer à toute prétention à quelque valeur morale de son être en se persuadant d'acquérir par là quelque valeur cachée, est *la fausse humilité morale (humilitas spuria)*, ou une *bassesse morale*.

L'HUMILITÉ *dans la comparaison de soi avec d'autres hommes* (et même d'une manière générale avec tout être fini, fût-ce un séraphin) n'est pas un devoir. C'est bien plutôt de l'*ambition (ambitio)* que cette tendance à égaler ou à dépasser les autres dans une telle humilité, en se persuadant d'acquérir ce faisant quelque grande valeur intérieure, et l'ambition est tout à fait contraire au devoir envers les autres. Mais trouver à rabaisser sa propre valeur morale, uniquement pour en faire le moyen d'acquérir la faveur d'un autre (flatterie et hypocrisie)[a], est une fausse (feinte) humilité et, en tant que négation de la dignité de sa personne, contraire au devoir envers soi-même.

D'une comparaison sincère et exacte de soi avec la loi morale (dans sa sainteté et sa rigueur) doit découler immanquablement la véritable humilité, mais du fait que nous sommes capables d'une telle législation intérieure, de telle sorte que l'homme (physique) se sent contraint de respecter l'homme (moral) en sa propre personne, découle aussi le sentiment de notre *élévation* et la suprême estimation de soi comme sentiment de notre valeur interne *(valor)*, qui met l'homme au-dessus de tout prix, parce qu'il possède une dignité inaliénable *(dignitas interna)*, qui inspire à l'homme du respect *(reverentia)* envers lui-même.

§ 12

On peut rendre plus ou moins clair par les préceptes suivants ce devoir qui concerne la dignité de l'humanité en nous, et par conséquent qui est aussi un devoir envers nous-mêmes.

Ne devenez pas esclaves <*Knecht*> des hommes. — Ne tolérez pas que votre droit soit impunément foulé aux pieds par les autres. — Ne contractez pas de dettes pour lesquelles vous n'offririez pas une entière sécurité. — Ne recevez pas des bien-

---

a. Kant ajoute ici une note relative à l'étymologie de quelques mots allemands qui est intraduisible. Nous la reproduisons en allemand : « *Heucheln* (eigentlich häucheln) scheint von ächzenden, die Sprache unterbrechenden Hauch (Sfossseufzer) abgeleitet zu sein ; dagegen Schmeicheln vom Schmiegen, welches als Habitus Schmiegeln und endlich von den Hochdeutschen Schmeicheln genannt worden ist, abzustammen. »

faits dont vous pouvez vous passer et ne soyez ni parasites, ni flatteurs ou (ce qui ne s'en distingue évidemment que par le degré) mendiants. Aussi bien soyez économes pour ne pas devenir pauvres comme Job. — Se plaindre, gémir, pousser un simple cri à l'occasion d'une souffrance corporelle est déjà indigne de vous et à plus forte raison si vous êtes conscient d'avoir mérité cette peine : c'est pourquoi un coupable ennoblit sa mort (en efface la honte) par la fermeté avec laquelle il meurt. — S'agenouiller ou se prosterner jusqu'à terre, même pour se rendre sensible l'adoration des choses célestes, est contraire à la dignité humaine, comme l'est la prière que l'on fait à celles-ci devant des images, car vous vous humiliez alors non devant un *Idéal* que vous représente votre raison, mais devant une *idole* qui est votre propre ouvrage.

Questions casuistiques

Est-ce qu'en l'homme le sentiment du caractère sublime de sa destination, c'est-à-dire l'*élévation de l'âme (elatio animi)* comme estime de soi, n'est pas trop proche de la *présomption (arrogantia)*, qui est directement opposée à la véritable *humilité (humilitas moralis)*, pour qu'il soit sage de nous y inciter, quand bien même nous ne nous comparerions pas avec la loi, mais seulement avec d'autres hommes ? Ou bien est-ce que cette forme d'abnégation de soi-même n'aurait pas pour effet de donner aux autres une opinion de la valeur de notre personne allant jusqu'au mépris, et ne serait pas contraire au devoir (de respect) envers nous-mêmes ? Il semble dans tous les cas indigne d'un homme de s'humilier et de se courber devant un autre.

Les hautes marques de respect dans les paroles et dans les manières, même à l'égard d'un homme qui n'a pas d'autorité dans la constitution civile, — les révérences, les compliments, les phrases de cour qui indiquent avec une pointilleuse exactitude la différence des états, mais qui n'ont rien à voir avec la politesse (qui est nécessaire même entre des personnes qui s'estiment également) — le Toi, le Lui, le Vous, le Très-noble, le Très-haut, le Très noble et très haut, l'Excellence *(ohe, jam satis est !)* dans la manière de s'adresser aux gens, — pédanterie en laquelle les Allemands ont été plus loin que tous les autres peuples (exception faite peut-être des castes indiennes) — est-ce que tout cela n'est pas la preuve d'un penchant à la fausse humilité très répandu entre les hommes ? *(Hae nugae in seria ducunt).* Mais celui qui se transforme en ver de terre, ne doit pas se plaindre par la suite qu'on lui marche dessus.

CHAPITRE PREMIER

DU DEVOIR DE L'HOMME ENVERS LUI-MÊME COMME JUGE NATUREL DE LUI-MÊME

§ 13

Tout concept du devoir comprend une contrainte objective suivant une loi (comme impératif moral qui restreint notre liberté) et appartient à l'entendement pratique, qui fournit la règle ; mais l'*imputation* interne d'une action, comme d'un cas soumis à la loi *(in meritum aut demeritum)* appartient à la *faculté de juger (iudicium)*, laquelle comme principe subjectif de l'imputation de l'action juge avec force de loi <*rechtskräftig*> si cette action a eu lieu ou non comme acte imputable (comme action soumise à une loi) ; à quoi s'ajoute la décision de la *raison* (la sentence), c'est-à-dire la liaison à l'action de son juste effet (la condamnation ou l'absolution) : c'est là ce qui passe devant la *justice (coram iudicio),* appelée *tribunal (forum)* en tant que personne morale devant procurer à la loi son effet. — Le savoir <*Bewusstsein*> d'un *tribunal intérieur* en l'homme (« devant lequel ses pensées s'accusent ou se disculpent l'une l'autre ») est la CONSCIENCE <*Gewissen*>.

Tout homme a une conscience et se trouve observé, menacé, de manière générale tenu en respect <*Respekt*> (respect lié à la crainte)[a] par un juge intérieur et cette puissance qui veille en

---

a. Le texte allemand est : ... im Respekt (mit Furcht verbundener Achtung).

lui sur les lois n'est pas quelque chose de forgé (arbitrairement) par lui-même, mais elle est inhérente à son être. Elle le suit comme son ombre quand il pense lui échapper. Il peut sans doute par des plaisirs ou des distractions s'étourdir ou s'endormir, mais il ne saurait éviter parfois de revenir à soi ou de se réveiller, dès lors qu'il en perçoit la voix terrible. Il est bien possible à l'homme de tomber dans la plus extrême abjection où il ne se soucie plus de cette voix, mais il ne peut jamais éviter de l'*entendre*.

Cette disposition intellectuelle originaire et (puisqu'elle est la représentation du devoir) morale, qu'on appelle *conscience*, a en elle-même ceci de particulier, que bien que l'homme n'y ait affaire qu'avec lui-même, il se voit cependant contraint par sa raison d'agir comme sur l'ordre d'une *autre personne*. Car le débat dont il est ici question est celui d'une *cause judiciaire (causa)* devant un tribunal. Concevoir celui qui est *accusé* par sa conscience comme ne faisant *qu'une seule et même personne* avec le juge, est une manière absurde de se représenter le tribunal ; car s'il en était ainsi l'accusateur perdrait toujours. — C'est pourquoi pour ne pas être en contradiction avec elle-même la conscience humaine en tous ses devoirs doit concevoir un *autre* (comme l'homme en général) qu'elle-même comme juge de ses actions. Cet autre peut être maintenant une personne réelle ou seulement une personne idéale que la raison se donne à elle-même [1].

---

1. La double personnalité suivant laquelle doit se concevoir lui-même l'homme qui s'accuse et se juge en conscience <im Gewissen>, ce double moi, qui d'une part doit paraître tremblant devant la barre d'un tribunal dont la garde lui est toutefois confiée et d'autre part détient la fonction de juge par une autorité naturelle, mérite une explication, afin que la raison n'entre pas en conflit avec elle-même. — Moi, l'accusateur mais aussi l'accusé, je suis le même *homme (numero idem)* ; toutefois comme sujet de la législation morale, procédant du concept de liberté, et suivant laquelle l'homme est soumis à une loi qu'il se donne à lui-même *(homo noumenon)*, l'homme est un autre être que l'homme sensible doué de raison *(specie diversus)*, mais cette considération n'a de sens qu'à un point de vue pratique — puisqu'il n'existe pas de théorie de la relation causale de l'intelligible au sensible — et cette différence spécifique est celle des facultés (supérieures et inférieures) qui caractérisent l'homme. C'est l'homme nouménal qui est l'accusateur et c'est l'autre qui est autorisé à prêter son assistance juridique à l'accusé (à en être l'avocat). Une fois la cause entendue le juge intérieur, comme personne *détenant la puissance*, prononce la sentence sur le bonheur ou la misère, comme conséquences morales de l'action ; mais en cette qualité nous ne pouvons par notre raison poursuivre la puissance de ce juge interne (comme maître du monde), et nous ne pouvons que respecter son *iubeo* ou *veto* inconditionné.

Une telle personne idéale (le juge autorisé de la conscience) doit pouvoir sonder les cœurs ; en effet le tribunal est établi dans l'*intérieur* de l'homme — en même temps elle doit être *source de toute obligation*, c'est-à-dire qu'elle doit être une personne, ou être pensée comme une personne telle qu'en rapport à elle tous les devoirs en général doivent être considérés comme ses ordres ; car la conscience est le juge intérieur de tous les actes libres. — Or comme un tel être moral doit en même temps détenir toute puissance (dans le ciel et sur la terre), puisqu'il ne pourrait autrement pas procurer à ses lois l'effet qui leur est approprié (ce qui appartient pourtant nécessairement à sa fonction judiciaire) et qu'on appelle DIEU un tel être moral ayant puissance sur toutes choses, il faut donc concevoir la conscience comme le principe subjectif d'un compte à rendre à Dieu de ses actions ; on peut même dire que ce dernier concept est toujours (même si ce n'est que d'une manière obscure) compris dans la conscience morale de soi.

Cela ne veut pas dire d'ailleurs que l'homme soit autorisé et encore moins *obligé* par cette Idée à laquelle le conduit immanquablement sa conscience, à admettre comme *existant réellement* en dehors de lui un tel être suprême. Car cette Idée ne lui est pas donnée *objectivement* par la raison théorique, mais seulement *subjectivement* par la raison pratique s'obligeant elle-même à agir conformément à cette Idée. Et par la médiation de cette Idée, mais seulement *suivant l'analogie* avec un législateur de tous les êtres raisonnables du monde, l'homme obtient une direction simple, qui consiste à concevoir la délicatesse de conscience (qu'on appelle aussi *religio*) comme responsabilité devant un être saint différent de nous et cependant intérieurement présent en nous (devant la raison morale législatrice) et à se soumettre à sa volonté comme à la règle de ce qui est juste. Le concept de la religion en général n'est ici pour l'homme que « le principe de regarder tous ses devoirs comme des commandements divins. »

1. Dans un débat de conscience (*causa conscientiam tangens*) l'homme pense la conscience comme *source d'avertissement* (*praemonens*) avant la décision. Alors s'il s'agit d'un concept de devoir (de quelque chose de moral en soi), dans les cas dont la conscience est l'unique juge (*casibus conscientiae*), il ne faut pas considérer la plus extrême *scrupulosité (scrupulositas)* comme le fait d'un esprit trop attaché aux petits détails <*Kleinigkeitskrämerei*> (Micrologie) et, en revanche, une véritable trans-

gression pour une bagatelle *(peccatillum)* que l'on pourrait remettre à la décision arbitraire d'un confesseur (suivant le principe : *minima non curat praetor)*. C'est pourquoi attribuer à quelqu'un une conscience *large* revient à dire *qu'il n'a pas de conscience*.

2. Quand l'acte est accompli, dans la conscience se présente d'abord *<zuerst>* l'*accusateur*, mais en même temps *<aber zugleich>* avec lui aussi un défenseur (avocat) ; et le conflit ne peut être traité à l'amiable *(per amicabilem compositionem)*, mais doit être tranché suivant la rigueur du droit.

3. Suit alors la sentence possédant force de loi qu'énonce la conscience sur l'homme et qui soit en *l'absolvant*, soit en le *condamnant* constitue la conclusion. Il faut remarquer ici que dans le premier cas la sentence ne peut jamais décréter une *récompense (praemium)*, comme acquisition de ce qui n'était pas à nous auparavant, mais procure seulement le *contentement <Frohsein>* d'avoir échappé au danger d'être trouvé punissable et c'est pourquoi le bonheur qui vient du témoignage rempli de consolation de notre conscience n'est pas *positif* (comme la joie), mais seulement *négatif* (c'est l'apaisement qui succède à l'angoisse) et c'est à la vertu seule, comme à un combat contre les influences du mauvais principe en l'homme, que peut être joint ce bonheur.

Chapitre deuxième

DU PREMIER COMMANDEMENT <GEBOT> CONCERNANT TOUS LES DEVOIRS ENVERS SOI-MÊME

§ 14

Ce commandement est le suivant : *connais-toi toi-même* (analyse-toi, sonde-toi), non quant à ta perfection physique (l'aptitude ou l'inaptitude à toutes sortes de fins arbitraires ou même ordonnées), mais quant à ta perfection morale, en rapport à ton devoir — examine ton cœur afin de savoir s'il est bon ou mauvais, si la source de tes actions est pure ou impure, cherche ce qui peut lui être attribué comme appartenant originellement à la *substance* de l'homme ou comme dérivé (acquis ou contracté) et qui peut appartenir à l'*état* moral.

Cette connaissance morale de soi qui suppose que l'on pénètre dans les profondeurs de l'âme les plus difficiles à sonder ou dans l'abîme du cœur, est le début de toute sagesse humaine. En effet la sagesse qui consiste dans l'accord de la volonté d'un être avec sa fin ultime <*Endzweck*>, exige de l'homme tout d'abord qu'il balaye ces obstacles intérieurs (ceux de la mauvaise volonté qu'il porte en lui) et qu'ensuite il travaille au développement des dispositions originelles inaliénables d'une bonne volonté cachée en lui. Seule la descente aux enfers qu'est la connaissance de soi ouvre la voie de l'apothéose.

§ 15

Cette connaissance morale de soi bannira tout d'abord le mépris *fanatique* de soi-même comme homme (de toute l'espèce) en général ; car c'est quelque chose de contradictoire. — Il peut bien se faire qu'en raison de l'excellente disposition au bien qui se trouve en l'homme et qui rend l'homme digne de respect, se juge lui-même méprisable l'homme qui agit contrairement à cette disposition, mais ce mépris ne peut porter que sur tel ou tel homme et jamais sur l'humanité. — Mais cette connaissance morale de soi s'oppose aussi à l'estime de soi fondée sur *l'amour-propre* <*die eigenliebige Selbstschätzung*>, et qui consiste à prendre pour des preuves d'un bon cœur de simples vœux, qui peuvent bien être effectués avec un vif désir, mais qui en ce qui touche l'action sont vides et le demeurent. (La *prière* n'est aussi qu'un vœu intérieur déclaré devant celui qui sonde les cœurs). L'impartialité dans l'appréciation de nous-mêmes en comparaison avec la loi et la sincérité dans l'aveu que l'on fait de sa valeur, ou de son absence de valeur morale, sont aussi des devoirs envers soi-même, qui découlent immédiatement de ce premier commandement de la connaissance de soi.

CHAPITRE ÉPISODIQUE

DE L'AMPHIBOLIE DES CONCEPTS
DE LA RÉFLEXION MORAUX :
TENIR POUR UN DEVOIR
ENVERS LES AUTRES HOMMES
CE QUI EST UN DEVOIR DE L'HOMME ENVERS SOI

§ 16

A en juger d'après la seule raison l'homme n'a pas d'autres devoirs que les devoirs envers l'homme (envers lui-même ou envers un autre). En effet son devoir envers un sujet quel qu'il soit est la contrainte morale déterminée par la volonté de ce sujet. Le sujet qui contraint (qui oblige) doit donc *première-ment* être une personne, et *deuxièmement* cette personne doit être donnée comme objet de l'expérience, car l'homme doit collaborer à la réalisation de la fin de sa volonté, ce qui ne peut se faire que dans le rapport de deux êtres existants (puisqu'un simple être de raison ne peut être *cause* de quelque effet arrivant suivant des fins). Or dans toute notre expérience nous n'avons pas connaissance d'un être capable d'obligation (active ou passive) autre que l'homme. L'homme ne peut donc avoir de devoirs envers un autre être que l'homme et s'il s'en représente cependant un, ceci ne peut se faire que par une amphibolie des *concepts de la réflexion* ; et ses prétendus devoirs envers d'autres êtres ne sont que des devoirs envers lui-même ; il est amené à cette erreur par le fait de confondre ses devoirs à *l'égard de* ces êtres <*in Ansehung anderer Wesen*>, avec un devoir *concernant direc-tement* ces êtres <*gegen diese Wesen*>.

Ce prétendu devoir peut se rapporter soit à des êtres *imper-sonnels*, soit à des êtres sans doute personnels, mais absolu-ment *invisibles* (qui ne peuvent être exposés aux sens externes). — Les premiers *(inférieurs à l'homme)* peuvent être la simple nature matérielle, ou la nature organisée en vue de la reproduc-tion, mais dénuée de sensation, ou cette partie de la nature (les minéraux, les plantes et les animaux)[a], qui est douée de sensation et de volonté ; les seconds *(supérieurs à l'homme)* peuvent être pensés comme des êtres spirituels (les anges, Dieu). — Or entre ces deux espèces d'êtres et l'homme la question est de savoir s'il peut y avoir un rapport de devoir et quel rapport.

§ 17

Relativement au beau, même inanimé dans la nature un penchant à la destruction tout simple *(spiritus destructionis)* est contraire au devoir de l'homme envers soi. En effet il affaiblit ou détruit en l'homme ce sentiment, qui sans être par lui-même déjà moral sans doute, prépare à tout le moins cette disposition de la sensibilité, qui favorise beaucoup la moralité, je veux dire celle qui consiste à aimer quelque chose indépendamment de toute considération d'utilité (par exemple les belles cristallisations, l'indescriptible beauté du règne végétal).

Relativement à cette partie des créatures qui est vivante, quoique dépourvue de raison, traiter les animaux avec violence, ainsi que cruauté, est intérieurement plus opposée au devoir de l'homme envers lui-même, parce que l'on émousse en l'homme ainsi le sentiment de sympathie qui concerne leurs souffrances et qu'une disposition naturelle très favorable à la moralité dans les rapports aux autres hommes est affaiblie et peu à peu anéantie. L'homme compte parmi ses droits celui de tuer les animaux (mais sans torture) ou de leur imposer un travail, à la condition qu'il n'excède point leurs forces (puisque nous sommes nous-mêmes soumis à cette nécessité) ; en revanche il faut mépriser les expériences physiques cruelles que l'on pratique sur eux pour le simple profit de la spéculation, alors que le but pourrait être atteint même sans elles. — La reconnaissance même pour les services longtemps donnés par un vieux cheval ou un vieux chien (comme si c'étaient des personnes de la maison), appartient *indirectement* au devoir de l'homme, si on le considère *relativement* à ces animaux, mais considéré *directement* il s'agit toujours d'un devoir de l'homme *envers* lui-même.

§ 18

Relativement à un être qui est tout fait au-delà des limites de notre expérience, mais qui se rencontre toutefois quant à sa

---

a. Le texte porte : (Mineralien, Pflanzen, Tiere).

possibilité dans nos Idées, par exemple l'Idée de Dieu, nous avons aussi un devoir qui s'appelle le devoir religieux, qui consiste à « reconnaître tous nos devoirs comme *(instar)* des commandements divins ». Mais ce n'est pas là conscience d'un devoir *envers Dieu.* Car puisque cette Idée procède entièrement de notre propre raison et que nous l'*élaborons* nous-mêmes, soit au point de vue théorique pour nous expliquer la finalité dans le monde, soit à un autre point de vue pour nous en servir comme d'un mobile de notre conduite, nous n'avons donc point devant nous un être donné, ENVERS lequel nous aurions une obligation ; sinon il faudrait tout d'abord que sa réalité fut prouvée par l'expérience (révélée) ; mais c'est un devoir de l'homme envers lui-même que d'appliquer cette Idée qui s'offre irrésistiblement à la raison, à la loi morale en nous, là où elle est susceptible de posséder la plus grande fécondité morale. On peut donc dire en ce sens (PRATIQUE) : avoir de la religion est un devoir de l'homme envers lui-même.

Des devoirs envers soi-même

Livre second [a]

DES DEVOIRS IMPARFAITS DE L'HOMME
ENVERS LUI-MÊME (RELATIVEMENT A SA FIN)

CHAPITRE PREMIER

DU DEVOIR ENVERS SOI-MÊME
DANS LE DÉVELOPPEMENT
ET L'AUGMENTATION DE *SA PERFECTION NATURELLE,*
C'EST-A-DIRE AU POINT DE VUE PRAGMATIQUE

§ 19

La culture *(cultura)* de ses facultés naturelles (celles de l'esprit, de l'âme et du corps), comme moyens pour toutes sortes de fins possibles est un devoir de l'homme envers lui-même. — L'homme se doit à lui-même (en tant qu'être raisonnable) de ne point laisser inutiles et pour ainsi se rouillant les dispositions naturelles et les facultés, dont sa raison peut avoir par la suite à faire usage, mais supposé que l'homme puisse être content du degré inné de ses facultés pour satisfaire ses besoins naturels, sa raison doit toutefois l'éclairer par des principes sur ce qu'est ce *contentement* d'un faible degré de puissance de ses facultés, parce que l'homme est un être capable de posséder des fins ou de se proposer des objets comme fins et qu'il est redevable de

---

a. Deuxième éd. : « Seconde section ».

l'usage de ses forces non seulement à l'instinct de la nature, mais encore à la liberté, avec laquelle il détermine ce degré. Il n'est donc point question de l'*avantage*, que peut procurer à l'homme la culture de ses facultés (en vue de fins de toutes sortes), car à ce point de vue (suivant les principes de Rousseau) la grossièreté des besoins naturels pourrait peut-être paraître plus avantageuse ; mais c'est un *commandement* de la raison moralement pratique et c'est un *devoir* de l'homme envers lui-même que de cultiver ses facultés (et parmi celles-ci, telle faculté plus que l'autre, suivant la différence des fins qu'il se propose) et que d'être au point de vue pragmatique un homme propre à la fin de son existence.

Les *facultés de l'esprit* sont celles dont l'exercice n'est possible que par la raison. Elles sont créatrices dans la mesure où leur usage n'est pas puisé dans l'expérience, mais est dérivé *a priori* de principes. Parmi leurs créations on relève la mathématique, la logique, la métaphysique de la nature, et ces deux dernières sont aussi rattachées à la philosophie, je veux dire à la philosophie théorique, qui ne signifie pas, comme son nom l'indique, l'étude de la sagesse <*Weisheitslehre*>, mais seulement la science, qui peut aider les premières à atteindre leur but.

Les *facultés de l'âme* sont celles qui sont aux ordres de l'entendement et de la règle dont il use pour satisfaire les desseins qui lui plaisent et dans cette mesure elles suivent le fil conducteur de l'expérience. Telles sont la mémoire, l'imagination, etc., sur lesquelles peuvent se fonder l'érudition, le goût (embellissement intérieur ou extérieur), etc., qui offrent les instruments pour des fins diverses.

Enfin la culture des *facultés corporelles* (la gymnastique proprement dite) est le soin apporté à ce qui constitue dans l'homme l'*instrument* (la matière), sans lequel les fins de l'homme demeureraient sans réalisation ; par conséquent l'attention durable consacrée à l'animal en l'homme est un devoir de l'homme envers lui-même.

§ 20

Savoir laquelle de ces perfections naturelles doit être *préférée* et dans quelle proportion l'homme doit se la proposer comme fin, en comparaison avec les autres comme constituant le devoir de l'homme envers soi, est laissé à la réflexion raisonnable de chacun suivant le plaisir qu'il prend à une certaine vie et l'appréciation qu'il fait de ses facultés d'y réussir, afin qu'il choisisse en conséquence (par exemple un travail manuel, ou le commerce, ou la science). Car, abstraction faite du besoin de se conserver soi-même, qui en lui-même ne peut fonder aucun devoir, c'est un devoir de l'homme envers lui-même, que d'être un membre utile du monde, car cela appartient aussi à la dignité de l'humanité dans sa personne propre à laquelle il ne doit pas déroger.

Le devoir de l'homme envers lui-même relativement à sa perfection *physique* n'est qu'un devoir *large* et imparfait, car s'il contient sans doute une loi pour les maximes des actions, il ne détermine rien relativement aux actions elles-même quant à leur mode et à leur degré, mais au contraire laisse une latitude au libre-arbitre.

CHAPITRE DEUXIÈME

DU DEVOIR ENVERS SOI-MÊME
DANS L'ACCROISSEMENT DE SA PERFECTION MORALE,
C'EST-A-DIRE DANS UNE PERSPECTIVE
SIMPLEMENT MORALE

§ 21

Il consiste *tout d'abord*, subjectivement, dans la *pureté (puritas moralis)* de l'intention morale : il faut précisément que la loi, sans aucun mélange avec des desseins issus de la sensibilité, soit seule un mobile et que les actions ne soient pas seulement accomplies conformément au devoir, mais *par devoir*. — « Soyez saints » est ici le commandement. *Ensuite*, objectivement, relativement à la fin morale tout entière, qui concerne *la* perfection, c'est-à-dire tout son devoir et la réalisation complète de la fin morale à l'égard de soi-même, [la loi] dit : « Soyez parfaits ! ». Pour l'homme tendre à ce but n'est jamais que progresser d'*une* perfection à une autre ; « mais il y a toutefois quelque vertu et quelque mérite en celui qui y tend. »

§ 22

Au point de vue de la qualité ce devoir envers soi-même est un devoir strict et parfait, bien qu'il soit quant au degré un devoir large et imparfait et cela en raison de la *fragilité (fragilitas)* de la nature humaine.

Cette perfection en effet, à laquelle c'est bien un devoir que de *tendre*, mais non d'*atteindre* (en cette vie), dont l'exécution ne peut donc consister qu'en un progrès continu, est sans doute *au point de vue* de l'objet (l'Idée dont on doit se donner pour fin la réalisation) un devoir strict et parfait, mais au point de vue du sujet c'est un devoir large et seulement imparfait envers soi.

Les profondeurs du cœur humain sont insondables. Qui se connaît assez pour savoir, quand il ressent une tendance à observer le devoir, si celle-ci procède toute entière de la représentation de la loi, ou s'il ne s'y joint pas l'action de bien d'autres mobiles sensibles, qui visent quelque avantage (ou à se garder d'un désavantage) et qui, en d'autres circonstances, pourraient tout aussi bien être au service du vice ? — Or en ce qui concerne la perfection comme fin morale, il n'y a bien dans l'Idée (objectivement) qu'*une* vertu seulement (en tant que force morale des maximes), mais dans le fait (subjectivement) il y a une foule de vertus de nature différente parmi lesquelles il serait impossible de ne pas trouver, si on voulait le chercher, quelque défaut de vertu <*Untugend*> (bien qu'en raison de ces vertus on n'ait point coutume de lui donner le nom de vice). Or une somme de vertus dont la connaissance de nous-même ne nous permet pas d'apercevoir la perfection ou le défaut, ne peut rien fonder d'autre que le devoir imparfait d'être parfait.

Ainsi tous les devoirs envers soi-même, relativement à la fin de l'humanité en notre propre personne, ne sont que des devoirs imparfaits.

DOCTRINE ÉLÉMENTAIRE DE L'ÉTHIQUE

DEUXIÈME PARTIE[a]

DES DEVOIRS DE VERTU
ENVERS LES AUTRES HOMMES

PREMIÈRE SECTION

Des devoirs envers les autres simplement considérés comme hommes

CHAPITRE PREMIER

DU DEVOIR D'AMOUR ENVERS D'AUTRES HOMMES

INTRODUCTION

§ 23

La division la plus élevée des devoirs envers les autres hommes peut être la suivante : d'une part les devoirs envers autrui, où l'on oblige autrui par le fait de les remplir, et d'autre part les devoirs dont l'exécution n'a pas pour conséquence une obligation pour autrui. — L'accomplissement des premiers est (relativement à autrui) *méritoire*, celle des seconds est un devoir *obligatoire*. — L'*amour* et le *respect* sont les sentiments qui accompagnent la pratique de ces devoirs. Ils peuvent être examinés séparément (chacun pour soi) et exister ainsi. (Ainsi on peut *aimer* son prochain, même si celui-ci ne pouvait mériter que peu de *respect* ; et de même l'on doit respecter tout homme,

---

a. 2ᵉ éd. : deuxième livre.

abstraction faite de ce qu'on pourrait le juger à peine digne d'amour). Mais en principe ils sont toujours suivant la loi liés l'un à l'autre dans un devoir, de telle sorte seulement que tantôt c'est un devoir et tantôt l'autre qui constitue dans le sujet le principe, auquel l'autre devoir est lié accessoirement. — Nous devons ainsi nous reconnaître obligés d'être bienfaisants à l'égard d'un pauvre ; mais comme cette faveur implique aussi que son bien dépende de ma générosité, et que ceci toutefois humilie l'autre, c'est un devoir d'épargner l'humiliation à celui qui reçoit par une conduite, qui présente cette bienfaisance ou comme une simple obligation ou comme un petit service d'amitié, et de lui conserver le respect qu'il se porte.

§ 24

Quand il s'agit des lois du devoir (non des lois de la nature), et cela dans les rapports extérieurs des hommes les uns par rapport aux autres, nous considérons dans un monde moral (intelligible), en lequel suivant l'analogie avec le monde physique, la liaison des êtres raisonnables (sur la terre) se fait par *attraction* et *répulsion*. Grâce au principe de l'AMOUR RÉCI-PROQUE les hommes sont portés à se *rapprocher* continuellement les uns des autres ; et grâce à celui du RESPECT, qu'ils se doivent les uns aux autres, à se *tenir à distance* les uns des autres et si ʼune de ces grandes forces morales venait à décliner, alors, si je puis me servir ici des mots de Haller sous un autre rapport « le néant (de l'immoralité) engloutirait dans son gouffre tout le règne des êtres (moraux) comme une goutte d'eau. »

§ 25

Mais l'AMOUR ne doit pas être entendu ici comme *sentiment* (esthétiquement), c'est-à-dire comme un plaisir pris à la perfection d'autres hommes, comme un amour de la *satisfaction* procurée par leur perfection (car on ne peut être obligé par autrui à avoir des sentiments), mais doit être considéré comme une maxime de la *bienveillance* (en tant que pratique), qui a pour suite la bienfaisance.

Il faut dire précisément la même chose du RESPECT dont nous devons faire preuve envers les autres : il ne s'agit en effet pas simplement du *sentiment* qui procède de la comparaison de notre valeur personnelle avec celle d'autrui (comme celui qu'éprouve par simple habitude un enfant envers ses parents, un élève à l'égard de son maître, un inférieur en général envers un supérieur), mais d'une *maxime* qui consiste à restreindre l'estime que nous nous portons par la dignité de l'humanité dans une autre personne, et le respect est par conséquent ici compris dans un sens pratique *(observantia aliis praestanda)*.

C'est aussi bien pourquoi le devoir du libre respect envers autrui n'étant à proprement parler que négatif (ne point s'élever au-dessus des autres) et ainsi analogue au devoir de droit qui défend d'attenter au bien d'autrui, doit être considéré, quoique comme simple devoir de vertu, en rapport au devoir d'amour comme un devoir *strict*, tandis que ce dernier doit être considéré comme un devoir *large*.

Le devoir d'aimer son prochain peut aussi être exprimé ainsi : c'est le devoir qui consiste à faire miennes les *fins* d'autrui (dans la mesure où elles ne sont pas immorales) ; le devoir du respect du prochain est compris dans la maxime de ne ravaler aucun homme à être simplement un moyen pour mes fins (ne pas exiger qu'autrui doive renoncer à lui-même pour devenir l'esclave de mes fins).

En pratiquant envers quelqu'un le premier devoir, j'oblige en même temps autrui, je mérite de lui. Par l'observation du second devoir je m'oblige simplement moi-même, je me tiens dans mes limites, afin de ne rien ôter à l'autre de la valeur qu'il a le droit en tant qu'homme de poser en lui.

Du devoir d'amour en particulier

§ 26

L'amour de l'homme (Philanthropie) doit, puisqu'il est ici compris comme pratique, non par conséquent en tant qu'amour de la satisfaction que l'on peut retirer de l'homme, consister dans une bienveillance active et concerne donc les maximes des actions. — Celui qui trouve plaisir au bien-être <*Wohlsein*> *(salus)* des hommes, dans la mesure où il les considère simplement comme tels, qui est heureux quand les autres le sont, est en général un *ami de l'homme* (philanthrope). Celui qui n'est heureux que lorsque cela va mal pour les autres est un *ennemi de l'homme* (un misanthrope au sens pratique). Celui auquel est indifférent ce qui arrive à autrui, pourvu que tout aille bien pour lui, est un *égoïste (solipsista)*. — Celui cependant qui fuit les hommes, parce qu'il ne peut trouver aucune *satisfaction* en eux, quoiqu'il leur *veuille du bien* à tous, est un *anthropophobe* (un misanthrope esthétiquement parlant), et l'on pourrait nommer anthropophobie son aversion pour les hommes.

§ 27

La maxime de la bienveillance (l'amour pratique de l'homme) est un devoir de tout homme envers les autres, qu'on les juge ou non dignes d'amour, d'après la loi éthique de la perfection : Aime ton prochain comme toi-même. — En effet tout rapport moralement pratique envers <*gegen*> les hommes est un rapport de ceux-ci dans la représentation de la raison pure, c'est-à-dire un rapport des actions libres suivant des maximes qui se qualifient comme susceptibles d'appartenir à une législation universelle, et qui par conséquent ne peuvent pas être égoïstes *(ex solipsismo prodeuntes)*. Je veux que chacun montre de la bienveillance *(benevolentiam)* envers moi ; je dois donc moi aussi être bienveillant envers tout autre. Mais comme tous les *autres* ne sont pas sans moi *tous* les hommes, et que par conséquent la maxime ne posséderait point l'universalité d'une loi en elle-même, ce qui toutefois est nécessaire pour l'obligation, la loi du devoir de bienveillance me comprendra comme objet de celle-ci dans le commandement de la raison pratique ; cela ne signifie pas que je serai par là obligé de m'aimer moi-même (en effet cela arrive inévitablement sans cela et il n'y a donc point d'obligation à ce propos), mais la raison législative, qui dans son Idée de l'humanité en général comprend l'espèce tout entière (et moi aussi par conséquent), me renferme, en tant qu'elle légifère universellement, dans le devoir de la bienveillance réciproque suivant le principe de l'égalité existant entre tous les autres et moi. Elle t'*autorise* donc à te montrer bienveillant envers toi-même, sous la condition que tu veuilles aussi le bien de tout autre ; c'est, en effet, ainsi seulement que ta maxime (de la bienveillance) se qualifie comme susceptible d'appartenir à une législation universelle, comme à ce sur quoi toute loi du devoir est fondée.

§ 28

La bienveillance dans l'amour général de l'homme, est ce qu'il y a de plus grand quant à l'*étendue*, mais aussi de plus petit quant au *degré* et lorsque je dis : je ne prends part au bien de cet homme que suivant l'amour général de l'homme, l'intérêt que je déclare prendre ici, est le plus petit qui puisse être. Je ne fais par rapport à lui que ne pas être indifférent.

Mais je me sens plus proche de l'un que de l'autre, et celui qui est le plus proche de moi en fait de bienfaisance c'est moi-même. Comment accorder cela donc avec la formule : Aime ton *prochain* (ton semblable) comme toi-même ? Si l'un est plus proche de moi que l'autre (dans le devoir de bienveillance), si donc je suis obligé à une plus grande bienveillance envers l'un qu'envers l'autre, et que je suis moi-même continuellement plus proche de moi (même au point de vue du devoir) que de tout autre, je ne puis, semble-t-il, pas dire sans me contredire que je dois aimer tout homme comme moi-même ; en effet la mesure de l'amour de soi ne laisserait subsister aucune différence de degré. — On voit tout de suite, qu'il ne s'agit pas ici simplement de la bienveillance du *vœu*, qui est à proprement parler le simple fait de prendre plaisir au bien de tout autre, sans devoir y contribuer soi-même (chacun pour soi et Dieu pour tous), mais d'une bienveillance active, pratique, qui consiste à se proposer comme *fin* le bien et le salut d'autrui (c'est la bienfaisance). En effet dans le vœu je puis être *également* bienveillant envers tous, tandis que dans l'action le degré peut être très différent suivant la différence des personnes aimées (dont l'une me touche de plus près que l'autre), sans toutefois porter atteinte à l'universalité de la maxime.

Division des devoirs d'amour

Ce sont : A) *les devoirs de bienfaisance*, B) *de reconnaissance*, C) *de sympathie*.

A

Du devoir de bienfaisance

§ 29

Se faire du bien à soi-même, autant qu'il est nécessaire pour simplement trouver du plaisir à vivre (ainsi soigner son corps, sans toutefois aller jusqu'à la mollesse), appartient aux devoirs envers soi-même ; — dont le contraire est, soit de se priver par *avarice* (servilement) de ce qui est nécessaire pour éprouver du contentement à vivre, soit de se priver du plaisir des joies de la vie par une *discipline* exagérée de ses penchants naturels (par fanatisme), l'une et l'autre de ces choses étant contraire au devoir de l'homme envers soi.

Mais comment, outre la *bienveillance* du vœu relativement à d'autres hommes (ce qui ne nous coûte rien), peut-on encore exiger qu'elle soit pratique, c'est-à-dire considérer la bienfaisance à l'égard des nécessiteux comme le devoir de tout homme, qui en a les moyens ? — La bienveillance est le contentement que l'on retire du bonheur (du bien-être) des autres ; mais la bienfaisance est la maxime qui consiste à prendre ce bonheur comme fin, et le devoir de bienfaisance est la contrainte qu'impose la raison d'admettre cette maxime comme loi universelle.

Qu'une telle loi soit en général dans la raison, c'est là ce qui ne tombe pas de soi-même sous les yeux ; tout au contraire la maxime qui nous semble être la plus naturelle est « Chacun pour soi et Dieu (le destin) pour tous. »

§ 30

C'est le devoir de tout homme d'être bienfaisant, c'est-à-dire d'aider selon ses moyens, sans rien espérer pour cela, ceux qui sont dans la misère à retrouver leur bonheur.

En effet tout homme, qui se trouve dans la misère, souhaite d'être aidé par d'autres hommes. Mais s'il déclarait comme sa maxime de ne point vouloir à son tour prêter assistance aux autres lorsqu'ils seront dans la misère, c'est-à-dire s'il faisait de sa maxime une loi universelle permissive <*Erlaubnisgesetz*>, alors, à supposer qu'il soit dans la misère, chacun lui refuserait également son assistance ou serait du moins en droit de la lui refuser. Ainsi la maxime de l'intérêt personnel se contredit elle-même, si on la transforme en loi universelle, c'est-à-dire qu'elle est contraire au devoir et par conséquent la maxime de l'intérêt commun qui consiste à être bienfaisant envers ceux qui sont dans le besoin est un devoir universel pour les hommes et cela parce que ceux-ci en tant qu'humains doivent être considérés comme des êtres raisonnables sujets à des besoins et réunis dans une même demeure par la nature afin de s'aider réciproquement.

§ 31

La bienfaisance ne doit presque jamais passer pour un devoir méritoire aux yeux de celui qui est *riche* (la richesse consistant à posséder d'une manière superflue, c'est-à-dire inutile pour ses propres besoins, les *moyens* de faire le bonheur d'autrui), bien que ce faisant il oblige en même temps les autres. La satisfaction, qu'il se procure ainsi, et qui ne lui coûte aucun sacrifice est une façon de s'énivrer de sentiments moraux. Aussi doit-il éviter soigneusement de paraître penser qu'il oblige les autres ; car autrement ce ne serait plus de la vraie bienfaisance, qu'il témoignerait à autrui, puisqu'il exprimerait la volonté de lui imposer une obligation (qui rabaisse toujours celui-ci à ses propres yeux). Il doit donc bien plutôt se montrer obligé ou honoré par l'acceptation de l'autre, et par conséquent tenu à son devoir comme à une dette, si (ce qui est encore mieux) il n'accomplit pas son acte de bienfaisance tout à fait en secret. — Cette vertu est plus grande, quand les moyens d'être bienfaisant sont limités et que le bienfaiteur trouve en soi assez de force pour supporter silencieusement les maux qu'il épargne aux autres ; c'est alors qu'il peut être effectivement considéré comme *riche moralement*.

Questions casuistiques

Jusqu'à quel point doit-on faire usage de ses ressources pour être bienfaisant ? Certainement pas jusqu'au point où l'on aurait à son tour besoin de la bienveillance d'autrui. Quel est le prix d'un bienfait venant d'une main mourante (par testament au moment de quitter ce monde) ? — Celui qui exerce la puissance que lui confère la loi du pays sur un autre homme, auquel il ravit la *liberté* d'être heureux à la manière de son choix (par exemple à un serf lié à une terre), celui-ci, dis-je, peut-il se considérer comme son bienfaiteur, tandis qu'il prend, selon *ses propres* idées du bonheur, pour ainsi dire paternellement soin de celui-là ? Ou bien l'injustice, qui consiste à ôter à quelqu'un sa liberté, n'est-elle pas bien plutôt quelque chose de si contraire au devoir de droit en général, que s'abandonner sous cette condition en comptant sur la bienfaisance du maître, serait pour celui qui y consentirait la plus grande abdication de l'humanité et que les attentions les plus grandes du maître pour ce dernier ne sauraient absolument pas être de la bienfaisance ? Ou bien est-ce que le mérite acquis en prodiguant ces attentions pourrait être tellement grand qu'il puisse contrebalancer la négation du droit de l'humanité ? — Je ne peux être bienfaisant envers personne si je suis *mes propres concepts* du bonheur (exception faite pour les mineurs et les malades mentaux), au contraire je peux l'être si je suis les idées *de celui* auquel je veux montrer de la bienfaisance ; car je ne me montre pas effectivement bienfaisant à celui auquel j'impose un don.

La faculté d'être bienfaisant, qui dépend des biens de la fortune, est en grande partie la conséquence de la faveur dont jouissent certains hommes, grâce à l'injustice du gouvernement, qui introduit une inégalité des conditions d'existence, qui rend pour les autres la bienveillance nécessaire. Dans de telles circonstances l'assistance que le riche donne au miséreux mérite-t-elle bien en général le nom de bienfaisance, dont on se rengorge si volontiers en tant que mérite <als Verdienst> ?

B

Du devoir de reconnaissance

La reconnaissance consiste à honorer une personne à cause d'un bienfait qu'on en a reçu. Le sentiment, qui est lié à ce jugement, est celui du respect envers le bienfaiteur (celui qui oblige), tandis que le sentiment du bienfaiteur envers celui qui accepte ne peut être considéré que sous le rapport de l'amour. — Même une simple et cordiale bienveillance d'autrui, sans effet extérieur, mérite le nom du devoir de vertu ; et cela fonde la distinction entre la reconnaissance active et celle qui est simplement affective.

§ 32

La reconnaissance est un devoir, c'est-à-dire qu'elle n'est pas seulement une maxime de prudence, qui consiste en témoignant de l'obligation que l'on doit en raison de la bienfaisance pratiquée envers soi, à exciter les autres à plus de bienveillance (gratiarum actio est ad plus dandum invitatio) ; car ce serait alors se servir de la reconnaissance simplement comme d'un moyen en vue d'autres fins personnelles ; la reconnaissance est au contraire une nécessité immédiate imposée par la loi morale, c'est-à-dire un devoir.

Mais aussi la reconnaissance doit être encore particulièrement considérée comme un devoir saint, c'est-à-dire comme un devoir dont la violation (comme exemple scandaleux) peut anéantir le mobile moral de la bienfaisance dans le principe même. En effet on appelle saint l'objet moral relativement auquel l'obligation ne saurait jamais être parfaitement épuisée par aucun acte qui lui soit conforme (ou l'obligé demeure toujours obligé).

Tout autre devoir est un devoir *ordinaire*. — Il n'y a aucun
moyen de s'*acquitter* d'un bienfait reçu, parce que celui qui
reçoit le bienfait ne peut jamais compenser le privilège du mérite
que s'est acquis celui qui a donné, et qui consiste à avoir été le
premier à être bienveillant. — Mais même sans un tel acte (de
bienfaisance) la simple bienfaisance de cœur est déjà le fondement d'une obligation à la reconnaissance [a]. On appelle *gratitude*
une semblable intention reconnaissante.

§ 33

En ce qui concerne l'*extension* de la reconnaissance, elle ne
s'étend pas seulement aux contemporains, mais aussi aux ancêtres, même à ceux que l'on ne peut désigner avec certitude. C'est
aussi la raison pour laquelle on tient pour peu convenable de ne
pas défendre, autant que possible, les anciens qui peuvent être
considérés comme nos maîtres, contre toutes les attaques, les
accusations et le mépris qu'on leur porte ; mais à ce propos c'est
pure erreur que de les placer en raison de leur antiquité au-
dessus des modernes quant au talent et à la bonne volonté et de
mépriser par comparaison tout ce qui est nouveau, comme si le
monde s'éloignait toujours davantage de sa perfection originelle
suivant les lois de la nature.

En ce qui concerne l'*intensité*, c'est-à-dire le degré de l'obligation
propre à cette vertu, il faut l'estimer d'après l'utilité que l'obligé
a retiré du bienfait, et d'après le désintéressement avec lequel ce
bienfait lui a été prodigué. Le moindre degré est de rendre au
bienfaiteur des services *identiques*, s'il peut les recevoir (s'il est
encore vivant), ou, s'il ne le peut, à d'autres hommes. C'est aussi
de ne pas considérer un bienfait reçu comme un fardeau dont on
aimerait bien être soulagé (parce que celui qui a joui d'une faveur
est un degré plus bas que celui qui la lui a accordée et que cela
blesse son orgueil), mais d'accepter au contraire l'occasion d'être
reconnaissant comme un bienfait moral, c'est-à-dire comme une
possibilité donnée de pratiquer cette vertu qui à la *profondeur
intime <Innigkeit>* de l'intention bienveillante lie aussi la *ten-
dresse* de la bienveillance (l'attention portée au moindre degré
de celle-ci dans la représentation du devoir) et de cultiver ainsi
l'amour de l'humanité.

---

a. 2ᵉ éd. : la simple bienveillance de cœur à l'égard d'un bienfaiteur est déjà
une espèce de reconnaissance.

C

La sympathie est en général un devoir

§ 34

La *sympathie* pour la *joie* ou la *peine* d'autrui *(sympathia moralis)* est certes le sentiment sensible d'un plaisir ou d'une peine (qui pour cette raison doivent être esthétiquement désignés) pris à l'état de contentement aussi bien que de souffrance d'autrui (compassion, participation sensible), auquel la nature a rendu les hommes réceptifs. Or user de cette sympathie comme d'un moyen pour mettre en œuvre la bienveillance active et rationnelle est encore un devoir, quoique simplement conditionnel, que l'on désigne sous le nom d'*humanité (humanitas)* : c'est, en effet, parce qu'ici l'homme n'est pas simplement considéré comme un être raisonnable, mais aussi comme un animal doué de raison. Et l'humanité peut être placée dans la *faculté* et dans la *volonté* de se *communiquer* les uns aux autres ses *sentiments (humanitas practica)*, ou simplement dans la *réceptivité* pour le sentiment commun de contentement ou de souffrance *(humanitas aesthetica)*, que nous donne la nature même. La première est libre et on la nomme par conséquent *participation (communio sentiendi liberalis)*, elle se fonde sur la raison pratique ; la seconde est' *nécessaire (communio sentiendi illiberalis, servilis)* [a], et l'on peut dire qu'elle *se communique* (comme la chaleur ou les maladies contagieuses) et pourrait être appelée une participation passive <*Mitleidenschaft*>, puisqu'elle se répand naturellement parmi des hommes vivant les uns à côté des autres. Il n'y a d'obligation qu'en ce qui touche la première.

Le stoïcien se représentait le *sage* d'une manière sublime, quand il lui faisait dire : Je me souhaite un ami, non pour en être *moi-même* secouru dans la misère, la maladie, la captivité, etc., mais afin que je puisse *lui* prêter assistance et sauver un homme ; et cependant ce même sage, voyant que son ami ne pouvait être sauvé, se disait : Que m'importe ? C'est-à-dire il rejetait la participation passive <*Mitleidenschaft*>.

En effet, quand un autre souffre et que je me laisse (par l'imagination) gagner par sa douleur que je ne puis cependant

---

a. 2ᵉ éd. « *communio sentiendi necessaria* ».

pas soulager, nous sommes deux à en souffrir, bien que le mal
(naturellement) ne concerne proprement qu'une personne. Or
il est impossible que ce soit un devoir que d'augmenter le mal
dans le monde et par conséquent aussi de faire le bien par compassion <*Mitleid*>. Aussi bien serait-ce une sorte de bienfaisance offensante, puisqu'elle exprime une bienveillance, qui porte
sur un être indigne, et on la nomme pitié <*Barmherzigkeit*>
et c'est une chose, que les hommes, qui ne devraient pas se
flatter d'être dignes du bonheur, devraient éviter les uns par rapport aux autres.

§ 35

Bien que ce ne soit pas en soi un devoir de partager la peine
ou bien la joie d'autrui, c'en est un cependant que de participer
activement à leur destin et c'est donc en fin de compte un devoir
indirect de cultiver en nous les sentiments naturels (esthétiques)
de sympathie en nous-mêmes, et de nous en servir comme d'autant de moyens pour participer au destin d'autrui en vertu de
principes moraux et du sentiment qui leur correspond. — Aussi,
c'est un devoir de ne pas éviter les lieux où se trouvent les
malheureux auxquels manque le plus nécessaire, mais de les
rechercher, et il ne faut pas fuir les hôpitaux ou les prisons pour
débiteurs, etc., afin d'éviter le douloureux sentiment de sympathie, dont on ne pourrait se défendre, car ce sentiment est
toutefois bien un mobile implanté en nous par la nature pour
faire ce que la représentation du devoir par elle seule n'indi-
querait pas.

Questions casuistiques

Ne vaudrait-il pas mieux pour le bien du monde en général
que toute la moralité des hommes fût limitée aux devoirs de
droit, observés cependant avec la plus extrême scrupulosité, et
que la bienveillance, en revanche, fût comptée parmi les *adiaphora* (choses indifférentes) ? Il n'est pas si facile de voir quelles
conséquences cela aurait sur le bonheur des hommes. Mais à
tout le moins en ce cas il manquerait au monde un grand ornement moral, je veux dire l'amour des hommes, qui en lui-même,
sans même faire rentrer en ligne de compte les avantages (du
bonheur), est nécessaire pour représenter le monde comme un
beau tout moral dans sa perfection.

La reconnaissance n'est pas proprement de l'amour de l'obligé en réponse au bienfaiteur <*Gegenliebe des Verpflichteten gegen den Wohltäter*>, mais du *respect* envers celui-ci. En effet l'amour général du prochain peut et doit avoir pour fondement l'égalité des devoirs ; or dans la reconnaissance l'obligé se trouve placé un degré plus bas que son bienfaiteur. Ne serait-ce pas l'orgueil de ne souffrir personne au-dessus de soi, le déplaisir qui vient de ce que l'on ne peut se mettre sur pied d'égalité parfait avec le bienfaiteur (en ce qui touche les rapports de devoir), qui est la cause de tant d'ingratitudes ?

Des vices de la misanthropie directement contraires (contrarie) à l'amour des hommes

§ 36

Ces vices constituent la détestable famille de l'*envie*, de l'*ingratitude* et de la *joie prise au malheur d'autrui*. — La haine ici toutefois n'est pas ouverte et violente, mais secrète et voilée, ce qui ajoute encore la bassesse à l'oubli du devoir envers son prochain et viole donc en même temps le devoir envers soi-même.

a) *L'envie (livor)*, comme penchant à percevoir avec douleur le bien qui arrive aux autres, quoique le sien n'en soit nullement affecté et qui, s'il aboutit à l'acte (qui consiste à diminuer le bien d'autrui), est de l'*envie qualifiée*, et autrement seulement de la jalousie *(invidentia)*, n'est cependant qu'une intention indirectement mauvaise, je veux dire le déplaisir de voir notre propre bien mis dans l'ombre par celui d'autrui, parce que nous ne savons pas estimer celui-là dans sa valeur intrinsèque, mais seulement en comparaison avec le bien des autres et que c'est ainsi seulement que nous pouvons nous en rendre sensible l'estimation. — C'est pourquoi l'on parle aussi bien de l'union et du bonheur d'une famille, etc., comme d'une chose *digne d'envie*, comme s'il était permis, en beaucoup de cas, d'envier quelqu'un. Les premiers sentiments dûs à l'envie sont donc inscrits dans la nature de l'homme et c'est seulement le déchaînement de ceux-ci qui en fait le vice hideux d'une passion morose, en laquelle on se torture soi-même et qui tend, au moins en souhait, à la ruine du bonheur des autres, et qui est par conséquent aussi bien opposé au devoir de l'homme envers lui-même qu'au devoir envers les autres.

b) *L'ingratitude* envers son bienfaiteur, qui lorsqu'elle va jusqu'à haïr celui-ci est de l'*ingratitude qualifiée*, et autrement ne peut être dite qu'un *défaut de reconnaissance*, est un vice à la vérité extrêmement détestable au jugement de chacun, quoique l'homme ait si mauvaise réputation sous ce rapport, qu'on ne tient pas pour invraisemblable qu'il soit possible de se faire un ennemi par des bienfaits marqués. — Le principe de la possibilité d'un tel vice gît dans le devoir envers soi-même mal compris, qui consiste à ne pas avoir besoin, ni à demander la bienfaisance des autres, parce qu'elle nous impose une obligation envers eux, mais à préférer supporter soi-même les peines de la vie plutôt que d'en charger les autres, c'est-à-dire par conséquent de contracter une dette à leur égard (obligation) : nous redoutons de tomber ainsi au rang qui est celui du protégé par rapport à son protecteur, ce qui est contraire à la véritable appréciation de soi (être fier de la dignité de l'humanité en sa propre personne). C'est pourquoi nous montrons volontiers de la reconnaissance envers ceux qui devaient *inévitablement* nous précéder dans la bienveillance (envers nos ancêtres ou nos parents), tandis que nous nous montrons avares de reconnaissance envers nos contemporains et que même, pour rendre invisible ce rapport d'inégalité, nous leur témoignons tout le contraire. — Il s'agit dès lors d'un vice révoltant l'humanité, non à cause du *dommage* qu'un tel exemple doit en général créer aux hommes en les détournant de toute autre bienveillance (car ceux-ci peuvent encore dans une intention purement morale placer dans le dédain de toute récompense pour leur bienfait une valeur interne morale d'autant plus grande), mais parce que l'amour des hommes est ici pour ainsi dire renversé et que le défaut d'amour est transformé de vile façon en droit de haïr celui qui aime.

c) *La joie prise au malheur d'autrui*, qui est précisément le contraire de la sympathie, n'est pas non plus étrangère à la nature humaine ; lorsqu'elle va jusqu'à aider le mal à arriver, elle rend manifeste comme *joie prise au malheur d'autrui qualifiée* la haine de l'homme et apparaît dans toute sa laideur. Il est sans doute fondé dans la nature d'après les lois de l'imagination, celles du contraste, que nous sentions plus fortement notre bien-être et même notre bonne conduite, lorsque le malheur des autres ou leur chute dans le scandale, leur folie même sont mis comme fond pour notre bonheur <*Wohlstand*>, afin de mettre celui-ci d'autant plus en lumière. Mais se réjouir immédiatement de l'existence d'*énormités* qui détruisent le bien du monde universel <*das allgemeine Weltbeste*>, voire même souhaiter par conséquent de tels événements, est une haine secrète de l'homme et l'exact contraire de l'amour du prochain, qui nous oblige comme devoir. — L'*outrecuidance* qu'inspire une prospérité ininterrompue, et l'*arrogance* que la bonne conduite engendre (qui ne consiste que dans le bonheur d'avoir échappé jusque-là à la séduction des vices publics), dont l'homme plein d'amour-propre se fait, de toutes deux, un mérite, produisent cette joie maligne, qui est directement opposée au devoir suivant le principe de la sympathie formulée dans la maxime de l'honnête Chrémès chez Térence : « Je suis homme, tout ce qui atteint l'homme, m'atteint aussi. »

De cette joie prise au malheur d'autrui la plus douce, est le *désir de vengeance*, qui consiste, avec l'apparence du meilleur droit, et même de l'obligation (par amour du droit) à se proposer pour fin, même sans avantage personnel, le malheur d'autrui.

Toute action qui lèse le droit d'un homme mérite un châtiment, par lequel le crime est *vengé* dans la personne du coupable (et le châtiment ainsi ne répare pas seulement le dommage causé). Mais le châtiment n'est pas un acte de l'autorité privée de l'offensé, mais celui d'un tribunal distinct de lui, qui donne effet aux lois d'un pouvoir supérieur à tous ceux qui y sont soumis, et si nous considérons (comme cela est nécessaire dans l'éthique) les hommes dans un état juridique, déterminé seulement *par de simples lois de la raison* (et non d'après des lois civiles), personne n'a le droit d'infliger des châtiments et de venger l'offense supportée par les hommes, si ce n'est celui qui est le suprême législateur moral et celui-ci seul (je veux dire Dieu) peut dire : « La vengeance m'appartient, je vengerai. » C'est donc un devoir de vertu non seulement de ne pas répliquer, simplement par vengeance, à l'inimitié des autres par de la haine, mais encore même de ne pas demander au juge du monde de nous venger et cela en partie parce que l'homme s'est suffisamment couvert de fautes pour avoir lui-même grand besoin de pardon et en partie aussi, mais particulièrement, parce qu'aucune peine, quel que soit son objet, ne doit jamais être dictée par la haine. — C'est pourquoi le *pardon (placabilitas)* est un devoir de l'homme ; mais il ne doit pas être confondu avec la *veule patience* à supporter les offenses *(ignava iniuriarum patientia)*, comme renonciation aux moyens rigoureux *(rigorosa)* pour prévenir l'offense répétée d'autrui ; car ce serait jeter ses droits aux pieds des autres et violer le devoir de l'homme envers lui-même.

Remarque

Tous les vices, qui rendraient la nature humaine elle-même haïssable, si l'on voulait les prendre (en tant que vices qualifiés) au sens de principes, sont, objectivement considérés, *inhumains*, mais toutefois, à un point de vue subjectif, ils sont *humains* ; c'est-à-dire au point de vue où l'expérience nous apprend à connaître notre espèce. Si l'on peut donc bien en appeler certains diaboliques, tel est le dégoût qu'ils suscitent, tout de même que leurs contraires des *vertus angéliques*, ces deux concepts ne sont que des Idées d'un maximum conçues en vue de posséder une mesure pour apprécier le degré de la moralité, tandis que l'on assigne à l'homme sa place dans le *ciel* ou en *enfer*, sans faire de lui un être intermédiaire qui n'occupe ni l'une, ni l'autre de ces places. Nous pouvons ici ne pas trancher la question de savoir si Haller en parlant « d'un intermédiaire équivoque entre l'ange et la bête » n'a pas montré plus de finesse. Mais partager en deux moitiés un assemblage de choses hétérogènes ne mène à aucun concept déterminé, et rien dans l'ordre des êtres dont la différence spécifique nous est inconnue ne peut nous y conduire. La première opposition (celle des vertus angéliques et des vices diaboliques) est une exagération. La seconde, encore qu'il soit malheureusement vrai que les hommes tombent dans des vices de *brutes*, ne nous autorise cependant pas à leur attribuer des dispositions sur ce point *appartenant à leur espèce*, pas plus que la forme rabougrie de quelques arbres dans une forêt n'est pour nous une raison d'en faire une *variété* particulière de végétaux.

CHAPITRE DEUXIÈME

DES DEVOIRS DE VERTU ENVERS LES AUTRES HOMMES QUI DÉPENDENT DU RESPECT QUI LEUR EST DÛ

§ 37

On appelle *modestie* la *modération* dans ses prétentions en général, c'est-à-dire la limitation volontaire chez un homme de l'amour de soi-même en fonction de l'amour de soi que se portent les

autres. L'absence de *cette modération,* ou le manque de modestie, est, dans la prétention d'être *aimé* des autres l'*amour-propre*
(philautia), et dans celle d'en être RESPECTÉ l'arrogance *(arro-*
gantia). Le *respect* que je porte à autrui, ou qu'un autre peut
exiger de moi *(observantia aliis praestanda),* est ainsi la reconnaissance d'une *dignité (dignitas)* dans les autres hommes, c'est-
à-dire d'une valeur, qui n'a pas de prix, pas d'équivalent, contre
lequel l'objet de l'estimation *(aestimii)* pourrait être échangé. —
Le mépris consiste à juger une chose comme n'ayant aucune
valeur.

§ 38

Tout homme a le droit de prétendre au respect de ses semblables et *réciproquement* il est obligé au respect envers chacun
d'entre eux.

L'humanité elle-même est une dignité ; en effet l'homme ne peut
jamais être utilisé simplement comme moyen par aucun homme
(ni par un autre, ni même par lui-même), mais toujours en
même temps aussi comme une fin, et c'est en ceci précisément
que consiste sa dignité (la personnalité), grâce à laquelle il
s'élève au-dessus des autres êtres du monde, qui ne sont point
des hommes et qui peuvent donc être utilisés, par conséquent
au-dessus de toutes les choses. Tout de même qu'il ne peut
s'aliéner lui-même pour aucun prix (ce qui contredirait le devoir
de l'estime de soi), de même il ne peut agir contrairement à la
nécessaire estime de soi que d'autres se portent à eux-mêmes en
tant qu'hommes, c'est-à-dire qu'il est obligé de reconnaître pratiquement la dignité de l'humanité en tout autre homme ; et par
conséquent sur lui repose un devoir qui se rapporte au respect
qui doit être témoigné à tout autre homme.

§ 39

Mépriser les autres *(contemnere),* c'est-à-dire leur refuser le
respect dû à tout homme en général, est dans tous les cas contraire
au devoir ; en effet ce sont des hommes. Leur accorder *peu*
d'estime (despicatui habere) intérieurement en les comparant
avec d'autres est parfois sans doute inévitable, mais manifester
extérieurement ce manque d'estime est une offense. — Ce qui est
dangereux n'est pas un objet de mépris et ce n'est pas en ce sens
que l'homme vicieux est méprisable ; et si je suis assez élevé au-
dessus de ses attaques pour dire : je méprise cet homme-là, cela

signifie seulement ceci : il n'y a là aucun danger, même si je ne
songe à aucune défense contre lui, parce qu'il s'expose lui-même
dans toute sa bassesse. Mais il n'en reste pas moins que je ne
puis refuser à l'homme vicieux lui-même tout respect en tant
qu'homme, puisque tout au moins le respect qui lui est dû en sa
qualité d'homme ne peut lui être ôté, bien qu'il s'en rende
indigne par ses actes. Ainsi peut-il y avoir des peines infamantes,
qui déshonorent l'humanité même (par exemple l'écartèlement,
donner le criminel aux chiens, couper nez et oreilles) et qui non
seulement sont plus douloureuses à l'homme jaloux de son honneur (et qui prétend, comme chacun doit le faire, au respect des
autres) que la perte de ses biens et de la vie, mais qui encore
font rougir de honte le spectateur d'appartenir à une espèce, avec
laquelle on doit procéder ainsi.

Remarque

C'est sur cela que se fonde le devoir de respecter l'homme même
dans l'usage logique de sa raison : il ne faut pas blâmer les
faux-pas sous le nom d'absurdité, de jugements dénués de goût,
mais bien plutôt présupposer qu'il doit cependant se trouver en
ceux-ci quelque chose de vrai et le chercher ; on cherchera aussi
en même temps à dévoiler l'apparence trompeuse (l'élément subjectif des principes de détermination du jugement, qui par
méprise a été tenu pour objectif) et ainsi, tandis que l'on explique la possibilité de l'erreur, on conservera cependant du respect pour son entendement. Et en effet si l'on dénie à son adversaire en un certain jugement tout entendement en usant de telles
expressions, comment veut-on lui faire alors entrer dans l'esprit
qu'il s'est trompé ? — Il en va de même en ce qui concerne le
reproche adressé au vice, qui ne doit jamais être poussé jusqu'au
mépris total et à la négation de toute valeur morale de l'homme
vicieux ; car selon cette hypothèse il ne pourrait jamais devenir
meilleur, ce qui ne saurait se concilier avec l'Idée de l'*homme*, qui
en tant que tel (comme être moral) ne peut jamais perdre toutes
les dispositions au bien.

§ 40

Le respect devant la loi, qui est subjectivement désigné comme
sentiment moral, est une seule et même chose avec la conscience
de son devoir. Pour la même raison la manifestation du respect
devant l'homme en tant qu'être moral (estimant au plus haut

point son devoir) est elle-même un devoir que les autres ont envers lui, et c'est un droit auquel il ne peut renoncer à prétendre. — On appelle cette prétention l'*amour de l'honneur*, dont le phénomène dans la conduite extérieure est l'*honorabilité (honestas externa)*, tandis qu'y manquer s'appelle le *scandale* : l'exemple de ce mépris peut provoquer l'imitation et donner cet exemple est extrêmement contraire au devoir ; en revanche se *scandaliser* d'une chose qui ne surprend que parce qu'elle s'écarte de la raison commune *(paradoxon)*, alors qu'elle est en elle-même bonne, c'est une erreur (puisque l'on tient l'inusité pour aussi interdit) et aussi une faute dangereuse et funeste pour la vertu. — En effet le respect que l'on doit à d'autres hommes qui nous donnent un exemple ne doit pas dégénérer jusqu'en une imitation aveugle (tandis que l'usage, *mos*, est élevé à la dignité d'une loi) ; une telle tyrannie de la coutume populaire serait contraire au devoir envers soi-même.

§ 41

L'omission des simples devoirs d'amour est *manque de vertu (peccatum)*. Mais celle du devoir, qui procède du respect dû à chaque homme en général, est un *vice (vitium)*. En effet en négligeant les premiers on n'offense personne ; mais en manquant au respect on lèse l'homme en ce qui touche sa légitime prétention. — La première transgression est l'opposé de la vertu *(contrarie oppositum virtutis)*. Mais ce qui non seulement n'est pas propre à ajouter quelque chose de moral, mais encore supprime la valeur qui sans cela pourrait être revendiquée *au profit* du sujet, est un *vice*.

C'est pourquoi aussi les devoirs envers le prochain qui concernent le respect qui lui est dû ne sont exprimés que négativement, c'est-à-dire que ce devoir de vertu n'est exprimé qu'indirectement (par la défense du contraire).

Des vices qui portent atteinte aux devoirs du respect pour les autres hommes

Ces vices sont A, *l'orgueil*, B, *la médisance* et C, *la raillerie*.

A

L'orgueil

§ 42

L'*orgueil* (*superbia* et, comme ce mot l'exprime, la tendance à s'élever toujours plus haut) est une sorte d'ambition (*ambitio*), par laquelle nous demandons des autres hommes qu'en comparaison avec nous ils s'estiment peu eux-mêmes et c'est par conséquent un vice qui contredit le respect auquel chaque homme peut légitimement prétendre.

Il diffère de la FIERTÉ (*animus elatus*) en tant qu'*amour de l'honneur*, c'est-à-dire le soin de ne rien abandonner de sa dignité d'homme en comparaison avec les autres (et qui pour cette raison est communément lié à l'adjectif *noble*); c'est que l'orgueil exige des autres, un respect qu'il leur refuse néanmoins. — Mais cette fierté elle-même devient aussi une faute et une offense, quand elle n'est simplement qu'une exigence adressée aux autres de s'occuper de notre importance.

L'orgueil, qui est pour ainsi dire le désir de l'ambitieux de se voir suivi d'hommes qu'il se croit autorisé à mépriser, est injuste et contraire en général au respect que l'on doit à l'homme ; c'est une *folie*, c'est-à-dire de la vanité dans l'usage de moyens pour quelque chose, qui, sous un certain rapport, n'a même pas la valeur d'être une fin ; c'est même de l'extravagance <*Narrheit*>, c'est-à-dire un défaut d'intelligence offensant, qui consiste à se servir de moyens, qui doivent produire chez les autres exactement le contraire du but que l'on poursuit (car on retire d'autant plus à l'orgueilleux son respect qu'il se montre acharné à l'obtenir). — Tout cela est par soi-même clair. Mais on a cependant moins remarqué que l'orgueilleux est toujours au fond de son âme un être *ignoble*. Car il n'exigerait pas des autres, qu'ils se rabaissent en comparaison avec lui, s'il ne trouvait pas en lui-même qu'il ne lui paraîtrait pas trop dur de ramper à son tour et de renoncer à tout respect d'autrui, au cas où la fortune viendrait à changer pour lui.

B

La médisance

§ 43

Les propos malveillants *(obtrectatio)* ou la *médisance*, par où je n'entends pas la *calomnie (contumelia)*, une relation *fausse* qui peut être appelée devant le tribunal, mais seulement la tendance immédiate à divulguer, sans dessein particulier, ce qui porte préjudice à la considération d'autrui, est quelque chose de contraire au respect dû à l'humanité en général, puisque tout scandale donné affaiblit ce respect sur lequel repose le mobile au bien moral et rend autant que possible incrédule à ce sujet.

Répandre (propalatio) de propos délibéré une chose qui attaque l'honneur d'autrui, mais qui ne relève pas de la justice publique, supposé même que la chose soit vraie, revient à diminuer le respect pour l'humanité en général, pour jeter enfin sur notre espèce elle-même les ombres de l'indignité et faire de la misanthropie (dégoût de l'homme) ou du mépris la manière de penser dominante, ou à émousser son sentiment moral par le spectacle fréquent du vice et par finir à s'y habituer. Ainsi donc au lieu de prendre un malin plaisir à dévoiler les fautes d'autrui, afin de s'assurer la réputation d'être bon, ou du moins pas plus mauvais que les autres hommes, c'est un devoir de vertu que de jeter le voile de l'amour des hommes sur les fautes d'autrui non seulement en adoucissant nos jugements, mais aussi en les taisant : c'est que les exemples de respect que nous donnons aux autres peut les inciter à l'effort d'en devenir dignes. — Pour ces raisons l'espionnage des mœurs d'autrui *(allotrioepiscopia)* est en lui-même déjà une curiosité offensante de l'humanité, à laquelle chacun a le droit de s'opposer comme à une violation du respect qui lui est dû.

C

La raillerie

§ 44

La manie de blâmer superficiellement et le penchant à tourner les autres en ridicule, la *moquerie*, qui consiste à faire des fautes d'autrui un objet immédiat d'amusement, sont de la

méchanceté <*Bosheit*> et tout à fait différentes de la *plaisan-*
terie, de cette familiarité entre amis qui consiste à rire de certaines particularités en les prenant en apparence seulement
comme si c'étaient des fautes, mais comme indiquant en fait
une supériorité d'esprit, ou parfois aussi comme étrangères à
la règle dictée par la mode (et cela n'est pas de l'*ironie méchante*).
Mais tourner en ridicule des fautes réelles ou imaginaires, mais
comme si elles étaient réelles, dans l'intention de ravir à la personne le respect qui lui est dû, et le penchant à cela, l'esprit
caustique (spiritus causticus), possède en soi quelque chose d'une
joie diabolique et est pour cette raison une violation d'autant
plus grave du devoir de respect envers les autres hommes.

Il faut encore en distinguer la manière de repousser avec
mépris en plaisantant, et de manière pourtant railleuse, les
attaques offensantes d'un adversaire *(retorsio iocosa)*, par où
le moqueur (un adversaire malveillant, mais faible) se trouve
également l'objet de moquerie, ce qui est une légitime défense
du respect que l'on peut attendre de lui. Mais si l'objet n'est
pas proprement un objet de plaisanterie, mais un objet auquel
la raison prend nécessairement un intérêt moral, quelque raillerie que l'adversaire ait proférée, et bien qu'il ait alors donné lui-
même aussi beaucoup de prises au rire, il est plus conforme à la
dignité de l'objet et au respect pour l'humanité de ne rien opposer
à l'attaque ou alors d'opposer une défense menée avec dignité et
sérieux.

Remarque

On observera que, sous le titre précédent, on a moins vanté les
vertus que blâmé les vices qui leur sont opposés. Cela tient au
concept du respect, tel que nous sommes obligés de le témoigner
à d'autres hommes, et qui n'est qu'un devoir *négatif*. Je ne suis
pas obligé d'*honorer* autrui (simplement considéré comme
homme), c'est-à-dire de lui témoigner une haute estime <*Hocha-*
chtung> positive. Le seul respect, auquel je me trouve obligé par
nature est celui envers la loi en général *(revere legem)* et suivre
cette loi relativement aux autres hommes, et non honorer les
autres hommes en général *(reverentia adversus hominem)*, ou
faire à leur égard quelque chose qui y touche, est un devoir
humain universel et inconditionné envers les autres, qui tout
de même que le respect originairement dû à tout homme *(obser-*
vantia debita) peut être exigé de chacun.

Les différentes formes de respect qui doivent être observées à l'égard d'autrui suivant la différence des qualités des hommes ou de leurs rapports contingents, c'est-à-dire l'âge, le sexe, la naissance, la force ou la faiblesse, ou même l'état et la dignité, qui reposent en partie sur des institutions arbitraires, ne peuvent être exposées de manière détaillée, ni classées dans les premiers principes *métaphysiques* de la doctrine de la vertu, qui ne considèrent que les purs principes de la raison.

DEUXIÈME SECTION

DES DEVOIRS ÉTHIQUES DES HOMMES ENTRE EUX AU POINT DE VUE DE LEUR ÉTAT

§ 45

Dans l'éthique pure ces devoirs de vertu ne peuvent donner lieu à une section spéciale du système. En effet ils ne contiennent pas de principes d'obligation des hommes comme tels les uns par rapport aux autres et ils ne peuvent donc pas proprement constituer une partie des premiers principes *métaphysiques* de la doctrine de la vertu ; ce ne sont que des règles de l'*application* du principe de la vertu (suivant la forme) aux cas qui se présentent dans l'expérience (la matière), modifiées suivant la différence des sujets et c'est pourquoi comme toutes les divisions empiriques, elles n'autorisent aucune classification assurée et complète. Cependant de même que l'on demande un passage de la métaphysique de la nature à la physique possédant ses règles particulières, tout de même demande-t-on quelque chose d'analogue de la métaphysique des mœurs : c'est-à-dire de *schématiser* pour ainsi dire les purs principes du devoir par leur application aux cas de l'expérience, et de les présenter tout prêts pour l'usage moralement pratique. — Quelle conduite faut-il tenir envers les hommes, par exemple quand ils sont dans un état de pureté morale, ou dans un état de corruption ? quand ils sont cultivés ou incultes ? quelle conduite convient au savant ou à l'ignorant ? et laquelle fait de celui-là dans l'usage de sa science un homme d'un commerce agréable (poli), ou un savant inabordable dans sa profession (un pédant) ? quelle conduite convient à l'homme appliqué aux choses pratiques ou à celui plus attaché à l'esprit et au goût ? quelle conduite doit-on adopter suivant la différence des états, de l'âge, du sexe, de l'état de santé, de la richesse ou de l'indigence, etc. ? Il n'en résulte pas autant d'*espèces* de l'*obligation* éthique (car il n'y en a qu'*une*, celle de la vertu en général), mais seulement des formes d'application (πορίσματα) et par conséquent elles ne sauraient être développées comme des sections de l'éthique et des membres de la *division* d'un système (qui doit *a priori* procéder d'un concept de la raison), mais seulement y être ajoutées. — Mais cette application même appartient à une exposition complète du système.

CONCLUSION DE LA DOCTRINE ÉLÉMENTAIRE

De l'union intime de l'amour avec le respect dans l'*amitié*

§ 46

L'*amitié* (considérée dans sa perfection) est l'union de deux personnes liées par un amour et un respect égaux et réciproques. — On voit facilement qu'elle est l'Idéal de la sympathie et de la communication <*Mitteilung*> en ce qui concerne le bien de chacun de ceux qui sont unis par une volonté moralement bonne, et que si elle ne produit pas tout le bonheur de la vie, l'acceptation de cet Idéal et des deux sentiments qui le composent enveloppe la dignité d'être heureux, de telle sorte que rechercher l'amitié entre les hommes est un devoir. — Mais il est facile de voir que bien que tendre vers l'amitié comme vers un maximum de bonnes intentions des hommes les uns à l'égard des autres soit un devoir, sinon commun, du moins méritoire, une amitié parfaite est une simple Idée, quoique pratiquement nécessaire, qu'il est impossible de réaliser en quelque pratique que ce soit. En effet, comment est-il possible pour l'homme dans le rapport avec son prochain de s'assurer de l'*égalité* de chacun des deux éléments d'un même devoir (par exemple de l'élément constitué par la bienveillance réciproque) en l'un comme en l'autre, ou, ce qui est encore plus important, comment est-il possible de découvrir quel est dans la même personne le rapport d'un sentiment constitutif du devoir à l'autre (par exemple le rapport du sentiment procédant de la bienveillance à celui provenant du respect) et si, lorsqu'une personne témoigne trop d'ardeur dans l'*amour*, elle ne perd pas, ce faisant, quelque chose du *respect* de l'autre ? Comment s'attendre donc à ce que des deux côtés l'amour et le respect s'équilibrent exactement, ce qui est toutefois nécessaire à l'amitié ? — On peut, en effet, regarder l'amour comme la force d'attraction, et le respect comme celle de répulsion, de telle sorte que le principe du premier sentiment commande que l'on se rapproche, tandis que le second exige qu'on se maintienne l'un à l'égard de l'autre à une distance convenable et cette restriction de la familiarité qui est exprimée par la règle : les meilleurs amis eux-mêmes ne doivent pas *se traiter communément*, enveloppe une maxime, qui ne vaut pas seulement pour le supérieur à l'égard de l'inférieur, mais aussi pour l'inférieur à l'égard du supérieur. En effet le supérieur se sent blessé dans son orgueil avant même que l'on ne s'en aperçoive et il consent à ce que le respect que lui doit l'inférieur ne lui soit point témoigné un instant, mais non à ce qu'il soit supprimé, car le respect, dès lors qu'il s'est altéré une fois, est intérieurement irrémédiablement perdu, même si les marques extérieures qui sont les siennes (le cérémonial) retrouvent leur ancien cours.

L'amitié conçue comme réalisable dans toute sa pureté ou sa perfection (entre Oreste et Pylade, Thésée et Pirithoüs) est le cheval de bataille des auteurs de romans ; Aristote disait en revanche : Mes chers amis, il n'existe pas d'amis ! Les remarques suivantes pourront attirer l'attention sur les difficultés de l'amitié.

Qu'un ami fasse observer à l'autre ses fautes, c'est là évidemment un devoir à considérer les choses moralement ; c'est, en effet pour son bien qu'on le fait et c'est donc un devoir d'amour. Mais son autre moitié voit là un manque du respect qu'il attendait de lui et il croit avoir déjà sombré dans (l'estime) de l'autre, ou redoute à tout le moins, puisqu'il est observé par l'autre et secrètement critiqué, d'être toujours en danger de perdre son estime ; au demeurant *le seul fait* de devoir être observé et critiqué lui paraîtra en soi-même déjà quelque chose d'offensant.

Combien dans la détresse un ami n'est-il pas souhaité, surtout bien entendu un ami agissant, qui puisse beaucoup vous secourir par ses propres dépenses ! Mais c'est pourtant une lourde charge que de se sentir enchaîné au destin d'un autre et invité à pourvoir à des besoins étrangers. — L'amitié ne peut donc pas être une union visant à des avantages réciproques, mais elle doit être purement morale et l'assistance, sur laquelle chacun peut compter de la part de l'autre en cas de détresse, ne doit pas être considérée comme le but et le principe de détermination de l'amitié, — car ainsi il perdrait le respect de l'autre —, mais seulement comme le témoignage extérieur de la bienveillance intérieure et cordiale supposée chez l'autre, sans pourtant vouloir la mettre à l'épreuve, chose toujours dangereuse, ce pourquoi chaque ami a assez de générosité pour épargner à l'autre cette charge, pour la porter seul, prenant même soin de la lui cacher entièrement, mais il peut toujours cependant se flatter qu'en cas de détresse il pourrait assurément compter sur l'assistance de l'autre. Mais si l'un reçoit de l'autre un *bienfait*, sans doute peut-il encore peut-être compter sur l'égalité dans l'amour, mais non dans le respect, puisqu'il se voit manifestement placé un degré plus bas, étant obligé sans pouvoir réciproquement obliger. — L'amitié est cependant quelque chose de si *tendre (teneritas amicitiae)* dans la douceur de la sensation d'une possession réciproque qui s'approche de la fusion en une personne, que si on la laisse reposer sur des sentiments et que si l'on ne soumet pas cette communication réciproque et cet abandon à des principes ou à des règles rigides qui gardent de la familiarité et qui limitent l'amour réciproque par les exigences du respect, elle sera à tout instant menacée d'*interruption*, comme il arrive habituellement chez les personnes incultes, bien que cela n'aille pas toujours à la *rupture* (le peuple se bat et le peuple se raccommode). Ces personnes ne peuvent pas se passer l'une de l'autre et elles ne peuvent pas non plus s'entendre, parce qu'elles ont besoin des querelles même pour goûter la douceur de la concorde et de la réconciliation. — Dans tous les cas l'amour dans l'amitié ne peut pas être une *affection*, parce que celle-ci est aveugle dans son choix et qu'elle se dissipe avec le temps.

§ 47

L'amitié morale (à la différence de l'amitié esthétique) est l'entière confiance que deux personnes ont l'une pour l'autre dans la communication réciproque de leurs jugements secrets et de leurs impressions, dans la mesure où elle peut se concilier avec le respect qu'elles se portent réciproquement.

L'homme est un être destiné à la société (bien qu'il soit aussi insociable) et en cultivant la vie de société il ressent puissamment le besoin de s'*ouvrir* aux autres (même sans rien en attendre) ; mais d'un autre côté retenu et averti par la peur du mauvais usage que l'autre pourrait faire de cette découverte de ses pensées, il se voit obligé de *renfermer* en lui-même une bonne partie de ses jugements (particulièrement ceux qu'il porte sur

les autres hommes). Il s'entretiendrait bien volontiers avec quelqu'un de ce qu'il pense sur les hommes avec lesquels il est en
relations, sur le gouvernement, la religion, etc., mais il ne doit pas
l'oser parce que l'autre qui garde pour lui-même prudemment
son jugement pourrait user de ses paroles à son détriment. Il
révèlerait bien aussi aux autres ses défauts et ses fautes ; mais
il doit craindre, que l'autre ne cache les siennes, et qu'ainsi il ne
perde son respect.

S'il trouve donc un homme, qui a de bonnes intentions et de
l'esprit, de telle sorte qu'il puisse, sans avoir à se soucier de ce
danger, lui ouvrir son cœur avec une pleine confiance, et qui en
outre s'accorde avec lui dans sa manière de juger les choses,
alors il peut donner libre cours à ses pensées ; il n'est plus
entièrement *seul* avec ses pensées comme dans une prison, mais
il jouit d'une liberté, dont il se prive dans les foules, où il doit se
renfermer en lui-même. Tout homme a ses secrets et il ne doit
pas les confier aveuglément à autrui, en partie à cause de la
manière de penser dénuée de noblesse de la plupart, qui en feront
un usage qui lui sera nuisible, et en partie à cause du manque
d'intelligence de beaucoup dans l'appréciation et dans la distinction de ce qui peut ou non se répéter, ou de l'indiscrétion. Or
il est extrêmement rare de rencontrer toutes ces qualités réunies
dans un sujet *(rara avis in terris, nigroque simillima cygno)* [a] ;
surtout lorsqu'une étroite amitié exige que cet ami intelligent et
de confiance se considère comme obligé de conserver caché à
un autre ami, tenu pour également sûr, le secret qui lui a été
confié, sauf permission expresse du premier qui le lui a confié.

Cependant cette amitié (purement morale) n'est pas un Idéal,
mais (le cygne noir !) existe réellement de temps à autre dans sa
perfection. Mais cette autre forme d'amitié (pragmatique), qui
consiste à se charger, par amour il est vrai, des fins d'autres
hommes, ne peut avoir ni la pureté ni la perfection désirée, qui
est nécessaire pour une maxime justement déterminante, et
c'est un Idéal d'un vœu, qui dans le concept de la raison ne
connaît point de limites, mais qui dans l'expérience doit toujours être très limité.

L'ami des hommes en général (c'est-à-dire l'ami de l'espèce
tout entière) est celui qui prend part esthétiquement au bien de
tous les hommes (qui partage leur joie) et qui ne la troublera
jamais sans un profond regret. Mais l'expression d'*ami* des hom-

---

a. Juvénal, *Sat.* II 6, 165.

mes possède un sens encore plus strict que celle de philanthrophe <als der des Philanthropen, die Menschen bloss liebenden Menschen>. Elle contient, en effet, la représentation et la juste considération de l'*égalité* entre les hommes, c'est-à-dire l'Idée d'être obligé par cette égalité même, tandis que l'on oblige d'autres hommes par des bienfaits ; on se représente ici tous les hommes comme des frères soumis à un père universel, qui veut le bonheur de tous. — En effet le rapport du protecteur comme bienfaiteur au protégé comme obligé est bien un rapport d'amour réciproque, mais non d'amitié, puisque le respect qui est dû n'est pas égal de part et d'autre. Le devoir consistant à être bienveillant en tant qu'ami de l'homme (une bien nécessaire affabilité) et la juste considération de ce devoir servent à garder les hommes de l'orgueil qui a coutume de conquérir les heureux, qui possèdent les moyens d'être bienfaisants.

Des vertus de société (virtutes homileticae)

§ 48

C'est un devoir aussi bien envers soi-même qu'envers autrui que de pousser le commerce des hommes les uns avec les autres avec ses perfections morales *(officium commercii, sociabilitas)*, de ne pas s'*isoler (separatistam agere)* ; de ne pas seulement placer en soi le point central et immuable de ses principes, mais aussi de considérer le cercle que l'on trace autour de soi comme une partie du cercle qui embrasse tout dans l'intention cosmopolitique ; de ne pas seulement se proposer de réaliser comme but le bien du monde, mais aussi de cultiver les moyens qui y conduisent indirectement : l'urbanité dans la société, la bonne humeur, l'amour et le respect réciproque (l'aménité et la bienséance, *humanitas aesthetica et decorum*), et d'ajouter ainsi les grâces à la vertu, ce qui est aussi un devoir de vertu.

Ce n'est là certes rien d'autre que les *œuvres extérieures* ou les ornements *(parerga)*, qui donnent une belle apparence de vertu, mais qui ne trompe pas, car chacun sait quel cas il doit en faire. Ce n'est que de la petite monnaie, mais elle appuie le sentiment de la vertu lui-même par l'effort accompli pour rapprocher autant qu'il se peut cette apparence de la vérité, *dans la facilité avec laquelle on se laisse aborder, la douceur du langage,* la *politesse, l'hospitalité, l'indulgence* (dans la controverse, sans querelle) et toutes ces simples manières du commerce humain sont des obligations extérieures qui obligent aussi les autres, et qui contribuent à l'intention vertueuse, en rendant pour le moins la vertu *aimable.*

On peut alors se demander si l'on peut entretenir des relations avec des hommes vicieux ? On ne peut éviter de les rencontrer, car autrement il faudrait quitter le monde ; et même notre jugement sur eux n'est pas compétent. — Mais là où le vice est un scandale, c'est-à-dire un exemple publiquement donné du mépris des strictes lois du devoir et par conséquent entraîne le déshonneur, alors, même s'il n'était pas puni par les lois du pays, on doit interrompre les relations qu'on entretenait jusque-là ou du moins les éviter dans la mesure du possible ; en effet la poursuite de ces relations ôterait à la vertu tout honneur et en ferait une marchandise pour quiconque serait assez riche pour corrompre le parasite par les délices de la bonne chère.

II

MÉTHODOLOGIE ÉTHIQUE

CHAPITRE PREMIER

LA DIDACTIQUE ÉTHIQUE

§ 49

Que la vertu doive être acquise (et qu'elle ne soit pas innée), c'est ce qui se trouve déjà dans son concept, sans qu'il soit nécessaire de se rapporter à la connaissance anthropologique qui résulte de l'expérience. En effet la faculté morale de l'homme ne serait pas de la vertu, si elle n'était pas produite par la *force* de la résolution dans le conflit avec les penchants si puissants qui s'y opposent. Elle est le produit de la pure raison pratique, en tant que celle-ci dans la conscience de sa supériorité (de par la liberté) conquiert la souveraineté sur ceux-ci.

Qu'elle puisse et doive être *enseignée*, suit de cela seul qu'elle n'est pas innée ; la théorie de la vertu <*Tugendlehre*> est ainsi une *doctrine*. Mais comme la simple doctrine, disant comment l'on doit se conduire, pour se conformer au concept de la vertu, ne donne pas encore la force de mettre en pratique les règles, les stoïciens pensaient que la vertu ne peut pas être *apprise* par les simples représentations du devoir, par des exhortations (παραινετικῶς), mais qu'elle devait être cultivée et *exercée* en cherchant à combattre l'ennemi interne en l'homme (ἀσκετικῶς), car on ne *peut* pas derechef tout ce que l'on *veut*, si l'on n'a pas préalablement essayé et exercé ses forces, et en pareil cas la *décision* doit évidemment être prise complètement tout d'un coup, parce qu'autrement la conscience *(animus)* <*Gesinnung*> en capitulant devant le vice pour s'en dégager peu à peu, serait en elle-même impure et même vicieuse et ne saurait par conséquent produire aucune vertu (la vertu reposant sur un seul principe).

§ 50

La méthode doctrinale (en effet toute doctrine scientifique doit être *méthodique*, sinon l'exposé serait *tumultueux*) ne peut être fragmentaire, mais doit être *systématique*, si la doctrine de la vertu doit représenter une science. — Or l'exposé peut être ou bien *acroamatique*, lorsque ceux auxquels il s'adresse sont de simples auditeurs, ou *érotématique*, lorsque le maître demande aux élèves ce qu'il veut leur enseigner, et à son tour cette méthode érotématique est ou bien un mode d'enseignement DIALOGUE, lorsque le maître interroge leur *raison*, ou CATÉCHÉ-TIQUE s'il interroge seulement leur *mémoire*. Si en effet on veut dégager quelque chose de la raison d'autrui, on ne peut le faire que dialogiquement, c'est-à-dire par les questions et les réponses que le maître et l'élève se feront *réciproquement*. Par ses questions le maître oriente le cours des pensées de son disciple, de telle sorte qu'il ne fait que développer les dispositions de l'élève à certains concepts au moyen des cas qu'il lui propose (il est l'accoucheur de ses pensées) ; et l'élève, qui se convainc ainsi, qu'il est lui-même capable de penser, fournit à son maître par les questions qu'il lui pose à son tour (sur l'obscurité ou sur le doute suscité par certaines propositions reçues) l'occasion d'*apprendre* lui-même suivant le *docendo discimus* comment il doit bien interroger. (C'est, en effet, une exigence qui s'adresse à la logique et qui n'a pas encore été assez prise en considération, qu'elle fournisse aussi des règles indiquant comment l'on doit *chercher* comme il faut, c'est-à-dire des règles qui ne s'appliquent pas toujours seulement aux jugements *déterminants*, mais encore aux jugements *préliminaires (iudicia praevia)*, qui conduisent aux pensées ; c'est une doctrine qui peut même servir d'indice au mathématicien dans ses recherches et qu'il applique d'ailleurs souvent.)

§ 51

Le premier et l'instrument *doctrinal* le plus nécessaire de la doctrine de la vertu pour l'élève encore inculte est un *caté-chisme* moral. Ce catéchisme doit précéder le catéchisme religieux et loin de pouvoir être simplement mêlé à la doctrine de la religion comme une parenthèse, il doit en être séparé et exposé comme un tout se suffisant à lui-même ; le passage de la doctrine de la vertu à la religion ne peut être accompli que par des principes moraux purs, puisqu'autrement les professions de foi de celle-ci manqueraient de pureté. — C'est pourquoi justement les plus dignes et les plus grands théologiens ont hésité à composer un catéchisme pour la doctrine statutaire de la religion et en même temps à s'en porter garants, alors qu'on pouvait croire que c'était là le moins que l'on fût en droit d'attendre du grand trésor de leur savoir.

En revanche un catéchisme *moral*, comme doctrine fondamentale des devoirs de vertu, ne donne lieu à aucun scrupule ni à aucune difficulté de ce genre, puisqu'il peut (quant à son contenu) être développé à partir de la raison humaine commune et doit seulement (quant à la forme) être conforme aux règles didactiques du premier enseignement. Mais puisque l'élève ne sait même pas comment il doit poser des questions, le principe formel d'un tel enseignement n'autorise pas la mise en œuvre à cette fin de la méthode d'enseignement socratique-*dialogique*. Seul le maître donc est celui qui pose des questions. Mais la réponse, qu'il tire méthodiquement de la raison de son élève, doit être exprimée et résumée en des formules qu'il ne soit pas facile de transformer, afin que l'élève puisse les confier à sa mémoire : c'est en cela que la méthode *catéchétique* se distingue aussi bien de la méthode *acroamatique* (où seule le maître parle) que de la méthode *dialogique* (en laquelle le maître et l'élève formulent tous les deux des questions et des réponses).

§ 52

Le moyen *expérimental* (technique) de la culture de la vertu est pour le maître lui-même de donner le *bon exemple* <*das gute Beispiel*> (avoir une conduite exemplaire) et pour les autres l'exemple qui sert de *leçon* <*und das warnende an anderen*> ; car l'imitation est pour l'homme encore inculte la première détermination de la volonté à admettre des maximes qu'il s'approprie par la suite. — L'habitude consiste à implanter en soi une tendance persistante sans aucune maxime, par la fréquente satisfaction de celle-ci, et ce n'est pas un principe de la pensée <Prinzip der Denkungsart>, mais un mécanisme de la sensibilité (ce pourquoi par la suite *désapprendre* se révèle plus difficile qu'*apprendre*). — Mais pour ce qui est de la force de l'*exemple* <*Exempel*> [1] (soit en bien, soit en mal), qui se présente à la

---

1. Le mot allemand *Beispiel* (exemple), que l'on emploie communément comme l'équivalent du mot *Exempel*, n'a cependant pas la même signification. Prendre un « exemple » <*Exempel*> de quelque chose, et introduire un « exemple »

tendance à l'imitation, ou de la mise en garde, ce que les autres nous donnent, ne peut fonder aucune maxime de vertu. En effet la vertu consiste précisément dans l'autonomie subjective de la raison pratique de tout homme et par conséquent elle implique que ce soit la loi et non la conduite d'autres hommes qui doive nous servir de modèle. Le maître ne dira donc pas à un élève dépravé : prends exemple <*Exempel*> sur ce bon garçon (ordonné et studieux)! car cela ne servirait qu'à amener le premier à haïr le second, parce que grâce à celui-ci il serait lui-même placé sous un jour défavorable. Le bon exemple <*Exempel*> (la conduite exemplaire) ne doit pas servir de modèle, mais seulement de preuve pour montrer que ce qui est conforme au devoir est praticable. Ce n'est donc pas en faisant fond sur la comparaison avec un autre homme (tel qu'il est), mais sur la comparaison avec l'Idée (de l'humanité) de ce qu'il doit être, donc avec la loi, que le maître obtiendra la règle infaillible de l'éducation qu'il donne.

Remarque

FRAGMENT D'UN CATÉCHISME MORAL

Le maître demande à la raison de son élève ce qu'il veut lui enseigner et si par hasard l'élève ne sait pas répondre à la question, il lui suggère la réponse (en guidant sa raison).

1. *Le maître :* Quel est ton plus grand, et même ton unique désir dans la *vie*.

— *L'élève* (il se tait).

— *Le maître :* Que tu réussisses *en tout* et *toujours* selon ton désir et ta volonté.

<*Beispiel*> pour expliquer une expression, sont deux idées tout à fait différentes. L'« exemple » <*Exempel*> est un cas particulier d'une règle *pratique*, pour autant que cette règle représente une action comme praticable ou impraticable. Au contraire l'« exemple » <*Beispiel*> n'est que le particulier *(concretum)* représenté comme compris sous l'universel d'après des concepts *(abstractum)*, et ce n'est que l'exposition théorique d'un concept a.

a. Cette note est difficilement traduisible puisque la langue française ne nous propose pour traduire *Beispiel* et *Exempel*, qu'un seul terme : *exemple*. Nous indiquons donc entre parenthèses le mot allemand qui correspond au mot exemple que nous mettons entre guillemets.

2. Comment nomme-t-on un tel état ?

— *L'élève* (il se tait).

— *Le maître* : On le nomme *bonheur* (une prospérité constante, une vie satisfaite, un parfait contentement de son état).

3. *Le maître* : Si tu tenais entre tes mains tout le bonheur (qui est possible dans le monde), le conserverais-tu tout entier pour toi ou le partagerais-tu avec tes semblables ?

— *L'élève* : Je voudrais le partager, je rendrais les autres aussi heureux et contents.

— *Le maître* : Cela prouve donc bien que tu as un assez bon *cœur* ; fais voir si tu possèdes aussi en ceci un bon *entendement*.

— Donnerais-tu bien au paresseux de moelleux coussins, afin qu'il puisse passer sa vie dans une douce inactivité, ou bien à l'ivrogne du vin et tout ce qui contribue à l'ivresse à satiété, au menteur un visage et des manières avenants pour mieux tromper les autres, ou à l'homme violent de l'audace et un poing vigoureux, pour qu'il puisse terrasser les autres ? Car ce sont là autant de moyens que tout un chacun souhaite pour être heureux à sa manière.

L'élève : Non, certes non.

5. *Le maître* : Tu vois donc que si tu tenais tout le bonheur entre tes mains et que tu avais en outre la meilleure volonté, tu ne l'abandonnerais pas à chacun selon ce qu'il désire, mais que tu commencerais d'abord par rechercher dans quelle mesure chacun est *digne* du bonheur. — Mais pour toi-même, n'aurais-tu aucun scrupule à commencer par t'assurer de tout ce que tu juges appartenir à ton bonheur ?

L'élève : Si.

Le maître : Mais ne te viendrait-il pas à l'idée de te demander si tu es toi-même aussi bien digne du bonheur ?

L'élève : Assurément.

Le maître : Ce qui en toi tend au bonheur, c'est le *penchant* ; ce qui restreint ce penchant à la condition d'être préalablement digne de ce bonheur, c'est ta *raison*, et que tu puisses limiter et dominer ton penchant par ta raison, c'est là la liberté de ta volonté.

6. *Le maître* : Afin de savoir comment tu dois t'y prendre pour participer au bonheur et aussi pour ne pas t'en rendre indigne, c'est dans ta *raison* seulement que tu trouveras la règle et l'initiation ; ce qui signifie qu'il ne t'est pas *nécessaire* de dégager cette règle de ta conduite de l'expérience, ou de l'apprendre par

l'enseignement des autres ; ta propre raison t'enseigne et t'ordonne exactement ce que tu as à faire. Par exemple si un cas survient en lequel tu peux te procurer à toi ou à un de tes amis un grand avantage grâce à un mensonge finement médité, qui même ne t'oblige pas à faire tort à qui que ce soit, que te dit ta raison ?

— *L'élève* : Je ne dois pas mentir, si grand que puisse être l'avantage qui peut être le mien ou celui de mon ami. Mentir est *avilissant* et rend l'homme *indigne* d'être heureux. — Il y a là une contrainte inconditionnée par un commandement de la raison (ou une défense) auquel je dois obéir et devant laquelle tous mes penchants doivent se taire.

— *Le maître* : Comment nomme-t-on cette nécessité immédiatement imposée à l'homme par la raison d'agir en accord avec la loi de celle-ci ?

— *L'élève* : on l'appelle *devoir*.

— *Le maître* : Ainsi l'observation de son devoir est pour l'homme la condition universelle et unique de la dignité d'être heureux et d'être digne du bonheur c'est la même chose que d'observer son devoir.

7. *Le maître* : Mais si nous avons conscience d'avoir une telle bonne et active volonté, par laquelle nous nous tenons comme dignes (ou du moins comme n'étant pas indignes) d'être heureux, pouvons-nous fonder là-dessus la ferme espérance de participer à ce bonheur ?

L'élève : Non ! pas seulement là-dessus : en effet il n'est pas toujours en notre pouvoir de nous procurer le bonheur et le cours de la nature ne se dirige pas de lui-même selon le mérite, mais le bonheur de la vie (notre bien-être en général) dépend de circonstances qui, et cela de loin, ne sont pas toutes soumises à la puissance de l'homme. Ainsi notre bonheur demeurera toujours seulement un vœu et ne pourra jamais devenir une espérance si une autre puissance n'intervient pas.

8. *Le maître*. La raison n'a-t-elle pas assez de raisons <*Gründe*> pour admettre une telle puissance, distribuant le bonheur suivant le mérite et les fautes des hommes, commandant à toute la nature et gouvernant le monde avec une suprême sagesse, c'est-à-dire de croire en Dieu ?

— *L'élève* : Si. En effet, nous voyons dans les œuvres de la nature, sur lesquelles nous pouvons porter un jugement, une sagesse si vaste et si profonde, que nous ne pouvons l'expliquer que par l'art indiciblement grand d'un créateur du monde, dont nous avons autant de raison d'attendre en ce qui concerne l'ordre moral du monde, en lequel consiste l'ornement suprême du monde, un gouvernement non moins sage ; aussi, si nous ne nous rendons pas nous-mêmes *indignes du bonheur*, en violant notre devoir, nous pouvons espérer y *participer*.

Dans ce catéchisme, qui doit être poursuivi sur tous les articles de la vertu et du vice, il faut prêter la plus grande attention à ce que le commandement du devoir ne se fonde pas sur les avantages ou les inconvénients qui peuvent résulter de son observation ou de sa violation pour l'homme qu'il oblige, ou même pour les autres, mais purement sur le principe moral, et on ne doit mentionner ces avantages ou ces inconvénients qu'en passant, comme des additions qui en soi ne sont pas indispensables, mais qui peuvent servir de véhicules pour ceux qui par nature sont faibles du palais. C'est ce qu'il y a de *honteux* <*Schändlichkeit*> dans le vice et non ce qu'il y a de *nuisible* <*Schädlichkeit*> (pour l'agent lui-même) qu'il faut partout faire ressortir. Si, en effet, la dignité de la vertu dans les actions n'est pas élevée au-dessus de tout, le concept du devoir lui-même disparaît et se dissout en simples prescriptions pragmatiques ; c'est, en effet, qu'alors l'homme perd conscience de sa noblesse et elle devient comme une marchandise à vendre au prix que lui en offrent ses inclinations trompeuses.

Mais si l'on peut développer tout cela d'une manière savante et pointilleuse à partir de la raison propre de l'homme en tenant compte des différences d'âge, de sexe et d'état, il y a encore quelque chose qui doit constituer la conclusion : c'est ce qui meut intérieurement l'âme et place l'homme en une position telle qu'il ne peut plus se considérer lui-même sans la plus grande admiration pour les dispositions originelles qui résident en lui, et dont l'impression ne s'efface jamais. — En effet si en concluant son éducation on énumère (récapituler) encore une fois sommairement dans leur ordre ses devoirs, et si, à propos de chacun d'eux, on attire son attention sur le fait que tous les maux, tous les tourments, toutes les souffrances de la vie, même la menace de la mort, qui peuvent l'atteindre, parce qu'il reste fidèle à son devoir, ne peuvent cependant lui ôter la conscience d'être élevé au-dessus de ceux-ci et d'en être le maître, alors se propose à lui la question : qu'est-ce en moi que cette force qui ose combattre toutes les forces de la nature aussi bien en moi qu'en dehors de moi et qui peut les vaincre quand elles entrent en conflit avec mes principes moraux ? Lorsque cette question, dont la solution dépasse tout à fait la faculté de la raison spéculative, et qui cependant s'impose d'elle-même, naît dans le cœur, l'incompréhensibilité même que l'on rencontre dans la connaissance de soi doit donner à l'âme un élan <*Erhebung*>, qui l'excite à obéir avec d'autant plus de force à ce qu'il y a de saint en son devoir qu'elle est elle-même plus combattue [par ce qui s'y oppose].

Dans cet enseignement moral catéchétique il serait d'une grande utilité pour la formation éthique, de proposer à chaque analyse d'un devoir précis quelques questions casuistiques et de mettre à l'épreuve l'intelligence des enfants réunis en demandant à chacun d'eux comment il pense résoudre l'épineuse question proposée. — Ce n'est pas seulement, en effet, parce que cela constitue une culture de la raison parfaitement appropriée à la capacité d'un [entendement] encore inculte (car en ces questions qui concernent ce qu'est le devoir, la raison peut bien plus facilement décider qu'en ce qui touche les questions spéculatives), et parce que c'est là la meilleure manière pour exercer en général l'entendement de la jeunesse, mais encore et surtout, parce que c'est le propre de la nature de l'homme d'*aimer* ce qu'il a travaillé jusqu'au degré d'une science (dont il possède une connaissance approfondie), et qu'ainsi l'élève par des exercices de ce genre sera insensiblement conduit à prendre de l'intérêt à la moralité.

Mais il est de la plus grande importance dans l'éducation de ne pas exposer le catéchisme moral en le mêlant (en l'amalgamant) avec le catéchisme religieux, et encore plus de ne pas exposer le catéchisme moral en second lieu ; mais il faut toujours l'exposer le premier et lui donner avec le plus grand soin et toute l'étendue désirable la plus grande clarté. Sans cela il ne sortira par la suite de la religion rien que de l'hypocrisie : on ne se soumettra au devoir que par peur et l'intérêt porté à la religion et au devoir, ne venant pas du cœur, ne consistera qu'à mentir.

CHAPITRE DEUXIÈME

L'ASCÉTIQUE MORALE

§ 53

Les règles de l'exercice dans la vertu *(exercitiorum virtutis)* se rapportent à deux dispositions de l'âme : avoir l'âme *courageuse* et *gaie (animus strenuus et hilaris)* dans l'accomplissement de ses devoirs. En effet la vertu doit combattre des obstacles qu'elle ne peut vaincre qu'en réunissant ses forces et en même temps elle doit sacrifier bien des joies de la vie, dont la perte peut parfois rendre l'âme sombre et maussade ; mais ce qu'on ne fait pas avec joie, mais seulement comme une corvée, n'a pour celui qui en ceci obéit à son devoir, aucune valeur intérieure et n'est pas aimé, mais au contraire on fuit l'occasion de l'accomplir.

La culture de la vertu, c'est-à-dire l'*ascétique* morale, possède comme principe de l'exercice courageux, ferme et courageux de la vertu, cette sentence des *stoïciens* : habitue-toi à *supporter* les maux contingents de la vie et à *écarter* les jouissances superflues *(assuesce incommodis et desuesce commoditatibus vitae)* *(sustine et abstine)*. C'est une espèce de *diététique* pour l'homme, qui consiste à se conserver sain moralement. Mais la *santé* n'est qu'un bien-être négatif, elle ne peut pas elle-même être sentie. Il faut que quelque chose s'y ajoute, qui procure un contentement de vivre et qui soit pourtant purement moral. Suivant le vertueux Épicure c'était un cœur toujours joyeux. En effet, qui pourrait avoir plus de raisons d'être d'une joyeuse humeur et de ne pas trouver un devoir de se placer dans une disposition d'âme joyeuse et de se la rendre habituelle que celui qui est conscient de n'avoir jamais volontairement violé son devoir et qui est certain de ne tomber dans aucune faute de ce genre (*hic murus aheneüs esto*, etc., Horace)[a] — En revanche l'ascétisme monacal qui a pour effet, en raison d'une peur superstitieuse ou d'un hypocrite dégoût de soi-même, des mortifications et des tortures du corps, ne vise pas la vertu, mais une expiation fanatique, qui consiste à se punir soi-même et à vouloir *racheter* ses fautes au lieu de les *regretter* moralement (c'est-à-dire en recherchant l'amélioration). Or une peine que l'on choisit soi-même et que l'on s'inflige soi-même (alors qu'elle doit toujours être infligée par un autre) est une contradiction et elle ne peut susciter la joie qui accompagne la vertu, et, tout au contraire, ne peut pas exister sans une haine secrète contre le commandement de la vertu. — La gymnastique éthique ne consiste donc que dans la lutte contre les penchants naturels, qui a pour fin de nous en rendre les maîtres dans les cas menaçants pour la moralité ; et par conséquent elle rend courageux et joyeux dans la conscience de sa liberté reconquise. *Regretter* quelque chose (ce qui

a. Horace. Épist. I, 1. 60.

est inévitable, quand on se souvient de certaines violations du devoir passées, ce dont nous avons même le devoir de ne point laisser disparaître le souvenir) et s'infliger une *pénitence* (par exemple, le jeûne), non dans une intention diététique, mais dans une intention pieuse sont deux actes très différents, bien que considérés l'un et l'autre comme moraux, puisque le dernier, qui est dénué de joie, sombre et maussade, rend la vertu elle-même haïssable et éloigne ses disciples. La discipline que l'homme exerce sur lui-même ne peut donc devenir méritoire et exemplaire que grâce à la joie, qui l'accompagne.

CONCLUSION

La doctrine de la religion comme doctrine des devoirs envers Dieu se situe au-delà des limites de la philosophie morale pure

Protagoras d'Abdère commençait son livre par ces mots : « *Existe-t-il des dieux ou non, c'est ce dont je ne saurais rien dire.* »[1] Il fut pour cela chassé par les Athéniens de la cité et de son territoire et ses livres furent brûlés en public. *(Quinctiliani Inst. orat. lib. 3. cap. 1)*[a]. Les juges d'Athènes furent à son égard en tant qu'*hommes* certes très *injustes*, mais comme *magistrats* et comme juges ils agirent d'une manière tout à fait *légitime* et logique ; car comment aurait-on pu prêter serment s'il n'avait pas été décrété publiquement et légalement par l'*autorité souveraine (de par le Sénat)*[b] *qu'il y a des dieux ?*[2]

---

1. « *De Diis, neque ut sint, neque ut non sint, habeo dicere.* »
2. Certes par la suite un grand sage dans sa législation morale a tout à fait interdit le serment comme absurde et comme confinant au blasphème ; mais à un point de vue politique on croit toujours qu'on ne peut absolument pas écarter ce moyen mécanique servant l'administration de la justice publique et pour tourner cette interdiction on a imaginé des interprétations pleines de nuances ⟨milde Auslegugen⟩. — Comme ce serait une absurdité de juger sérieusement qu'il existe un Dieu (en effet il faut déjà avoir postulé son exis-

a. Selon Natorp la source est en réalité : Ciceron, *De Natura deorum*, I, 23, 63.
b. En français dans le texte.

Mais cette croyance une fois accordée et si l'on admet que la *doctrine de la religion* est une partie intégrante de la *doctrine générale des devoirs*, la question est alors celle de la détermination des limites de la science à laquelle elle appartient : doit-elle être considérée comme une partie de l'éthique (en effet il ne saurait être ici question du droit que possèdent les hommes les uns à l'égard des autres), ou comme se situant tout à fait en dehors d'une morale purement philosophique ?

La *forme* de toute religion, si on la définit comme étant : « l'ensemble de tous les devoirs en tant que *(instar)* commandements divins », appartient à la morale philosophique, puisque par là seul se trouve exprimée la relation de la raison à l'*Idée* de Dieu, qu'elle se fait pour elle-même, et un devoir de religion n'est pas, ce faisant, encore constitué comme devoir *envers (erga)* Dieu comme étant un être existant en dehors de notre Idée, puisque nous faisons en ceci encore abstraction de son existence. — Que tous les devoirs humains doivent être conçus comme s'accordant avec cette *forme* (qu'ils doivent être rapportés à une volonté divine, donnée *a priori*), c'est là ce dont la raison est seulement logique et subjective. En effet, nous ne pouvons pas bien nous rendre sensible l'obligation (la contrainte morale) sans penser à un *autre* être et à sa volonté (dont la raison universellement législative n'est que le porte-parole), je veux dire Dieu. — Mais ce devoir *relatif* à Dieu (à proprement parler relativement à l'Idée que nous nous faisons d'un tel être) est un devoir de l'homme envers lui-même, c'est-à-dire que ce n'est point une obligation objective de rendre certains services à un autre être, mais seulement une obligation subjective de renforcer le mobile moral dans notre propre raison législative.

En ce qui concerne la *matière* de la religion, l'ensemble des devoirs *envers (erga)* Dieu, c'est-à-dire du culte qui doit lui être rendu *(ad praestandum)*, elle ne saurait contenir que des devoirs

---

tence, pour pouvoir en général prêter serment), il reste la question de savoir si un serment est possible et valable, lorsqu'on prête serment seulement *au cas* où un dieu existerait (sans rien décider, comme Protagoras, à ce sujet). — En fait tous les serments sincères et prêtés avec réflexion ne peuvent pas être faits en un autre sens. — En effet si quelqu'un s'offrait à jurer absolument qu'il existe un Dieu, il ne semble pas en cela courir un grand risque, qu'il y croie ou non. Le menteur dira s'il existe un dieu : je ne me suis pas trompé ; et s'il n'en existe pas : personne ne me tiendra pour responsable, et par un tel serment je ne me suis exposé à aucun danger. — Mais, *s'il y a un dieu*, n'y a-t-il pas quelque danger d'être surpris à mentir volontairement et cela dans l'intention même de tromper Dieu ?

particuliers, ne procédant pas de la seule raison universellement législative, qui ne sauraient être connus de nous *a priori*, mais seulement empiriquement, et qui par conséquent en tant que commandements de Dieu appartiendraient seulement à la religion révélée, et celle-ci ne devrait pas présupposer arbitrairement non seulement l'Idée de Dieu au point de vue pratique, mais encore son existence, mais la présenter comme donnée immédiatement ou médiatement dans l'expérience. Une telle religion toutefois, si fondée qu'elle puisse être par ailleurs, ne saurait constituer une partie de la *morale purement philosophique*.

Ainsi la *religion*, comme doctrine des devoirs *envers* Dieu se situe au-delà des limites de la pure éthique philosophique et cela sert de justification à l'auteur de cette éthique de n'avoir pas pour la parachever fait intervenir la religion, comprise en ce sens, dans l'éthique, comme cela était habituel auparavant.

On peut sans doute parler d'une « religion *dans les limites* de la simple raison » qui n'est pas dérivée de la simple raison, mais qui se fonde aussi sur des témoignages et sur une doctrine révélée et qui ne contient que l'*accord* de la raison pratique avec ceux-ci (elle ne les contredit point). Mais il ne s'agit pas alors d'une doctrine de la religion pure, mais d'une doctrine de la religion *appliquée* à une histoire donnée pour laquelle il n'y a aucune place dans une éthique en tant que philosophie pratique pure.

Remarque finale

Toutes les relations morales des êtres raisonnables, qui contiennent un principe de l'accord de la volonté de l'un avec celle de l'autre, peuvent être ramenées à l'*amour* et au *respect*, et en tant que ce principe est pratique, le principe de détermination de la volonté est relatif en ce qui touche l'amour à la *fin* d'autrui et en ce qui touche le respect au *droit d'autrui*. Si l'un de ces êtres est tel qu'il n'ait que de purs droits et aucun devoir envers l'autre (Dieu) et si par conséquent l'autre n'a envers le premier que des devoirs et aucun droit, alors le principe des rapports moraux entre eux est *transcendant*, tandis en revanche que le rapport de l'homme à l'homme, où les volontés se limitent réciproquement, possède un principe *immanent*.

On ne peut pas penser la fin divine relative à l'espèce humaine (à sa création et à sa direction) autrement que comme une fin d'*amour*, c'est-à-dire comme étant celle du bonheur de l'*homme*. Mais le principe de la volonté de Dieu relativement au *respect* qui lui est dû (vénération), qui limite les effets de l'amour, c'est-à-dire du droit divin, ne peut être autre que celui de la *justice*. On pourrait aussi s'exprimer ainsi (en parlant d'une manière humaine): Dieu a créé des êtres raisonnables pour ainsi dire par besoin d'avoir en dehors de lui quelque chose qu'il puisse aimer ou dont il puisse aussi être aimé. Mais la justice de Dieu, considérée il est vrai comme *punissante*, au jugement même de notre raison ne lui donne pas un droit aussi grand que le précédent principe mais encore plus grand (parce que le principe est restrictif). — En effet la *récompense (praemium, remuneratio gratuita)* ne relève pas de la justice envers des êtres, qui n'ont à l'égard de Dieu que des devoirs et pas de droits, mais seulement de l'amour et de la bienfaisance *(benignitas)* ; — à plus forte raison ne peut-il y avoir de prétention à un *salaire (merces)* de la part d'un tel être et dans la relation de Dieu aux hommes une *justice rémunératrice (iustitia brabeutica)* est une contradiction.

Il y a pourtant dans l'idée de l'exercice de la justice d'un être dont les fins sont élevées au-dessus de toute atteinte, quelque chose qui ne se laisse pas bien concilier avec le rapport de l'homme à Dieu : c'est le concept d'une *lésion* qui pourrait être faite au Maître inaccessible et sans limites du monde ; il ne s'agit pas ici, en effet, des violations du droit que les hommes commettent entre eux et sur lesquelles Dieu comme juge punisseur décide, mais d'une violation qui porte atteinte à Dieu lui-même et à son droit et le concept en est transcendant, c'est-à-dire qu'il se trouve au-delà du concept de la justice pénale, quel que soit l'exemple que nous en puissions donner (telle qu'elle existe entre les hommes) et qu'il contient des principes transcendants avec lesquels ne peuvent s'accorder ceux dont nous aurions à user dans les cas que nous présente l'expérience et qui sont par conséquent complètement vides pour notre raison pratique.

L'Idée d'une justice pénale divine est ici personnifiée ; ce n'est pas un être particulier jugeant, qui l'exerce (car alors il y aurait des contradictions entre cet être et les principes du droit), mais la *justice* comme si elle était une substance (ce qu'on nomme aussi la justice *éternelle*), qui comme le *fatum* (destin) des anciens poètes philosophes, est encore au-dessus de Jupiter et qui dit le droit suivant la nécessité d'airain inflexible, qui pour nous est insondable. En voici quelques exemples :

La peine (suivant Horace) ne perd pas de vue le criminel qui marche fièrement devant elle, mais elle ne cesse de marcher en boîtant jusqu'à ce qu'elle l'atteigne. — Le sang injustement versé

crie vengeance. — Le crime ne peut demeurer sans vengeance ;
si le châtiment n'atteint pas le criminel, sa descendance devra
payer ; ou s'il ne reçoit pas le châtiment durant sa vie, il doit le
recevoir dans une vie après la mort [1] que l'on admet expres-
sément, et on croit volontiers à cette autre vie afin que
les droits de la justice éternelle soient respectés. — Un
prince, qui pensait bien, disait un jour : je ne veux pas
en graciant comme vous m'en suppliez un duelliste meur-
trier et méchant <boshaft mordenden Duellanten> ouvrir mes
États à l'homicide. — La dette du péché doit être acquittée,
dût un parfait innocent s'offrir en victime expiatoire (bien
que évidemment on ne puisse appeler véritablement un châtiment la peine qu'il supporte, puisqu'il n'a lui-même commis
aucun crime). Par où l'on voit, en considérant tous ces exemples,
que ce n'est point à une personne administrant la justice que
l'on attribue ces sentences de condamnation (car elle ne pourrait
édicter ainsi des arrêts, sans être injuste envers les autres), mais
que c'est la simple justice comme principe transcendant conçu
dans un sujet supra-sensible, qui détermine le droit de cet être,
lequel est certes en accord avec la forme de ce principe, mais
qui en contredit la matière, la fin, qui est toujours le
bonheur de l'homme. — En effet, à considérer l'immense foule
des criminels, qui étendent toujours le registre de leurs fautes,
la justice pénale placerait la fin de la création non dans l'amour
du créateur (comme on doit cependant le penser), mais dans la
stricte observation du droit (elle ferait du droit la fin même
qui constitue la gloire de Dieu) ; or comme le droit (la justice)
n'est que la condition restrictive de l'amour (de la bonté) cela
semble contredire les principes de la raison pratique, d'après
lesquels n'aurait pas dû se faire une création du monde qui
aurait abouti à une production contredisant à ce point l'intention du créateur, qui ne peut avoir eu comme mobile que l'amour.

D'où l'on voit que dans l'éthique comme philosophie pratique

1. Il n'est même pas nécessaire de faire intervenir ici l'hypothèse d'une vie
future, pour se représenter dans sa totalité cette peine qui menace le coupable.
Car l'homme, considéré suivant sa moralité, est jugé comme objet supra-sensible
par un juge supra-sensible et non suivant des conditions de temps ; il n'est question que de son existence. Sa vie terrestre, qu'elle soit brève ou longue, ou même
éternelle n'est que son existence dans le phénomène <Dasein in der Erscheinung>,
et le concept de la justice n'a pas besoin d'une détermination plus précise ; aussi
bien la croyance à une vie future ne vient pas à proprement parler en premier,
afin que l'on puisse ensuite considérer la justice pénale dans son effectivité, mais
c'est bien plutôt à l'inverse, à partir de la nécessité du châtiment, que l'on
conclut à une vie future.

pure de la législation intérieure seuls les rapports moraux de l'*homme* envers l'*homme* nous sont compréhensibles, tandis que le rapport qui pourrait s'instituer entre l'homme et Dieu en dépasse complètement les limites et nous est absolument incompréhensible ; et cela confirme ce qui a été soutenu plus haut : l'éthique ne peut s'étendre au-delà des limites des devoirs de l'homme envers lui-même et envers les autres.

INDEX DES MATIÈRES

INDEX DES NOMS

TABLE DES MATIÈRES

ACHEVÉ D'IMPRIMER
EN FÉVRIER 1996
PAR L'IMPRIMERIE
DE LA MANUTENTION
À MAYENNE
N° 52-96